Lisa Aparicio, editor de la serie

hazlo

INVOLUCRAR A LOS JÓVENES EN EL DISCIPULADO

Jaime Román Araya • Nicholas Barasa
Milton Gay • Nabil Habiby
Andrea Sawtelle • Bakhoh Jatmiko

CRÉDITOS
Autores: Kenny Wade, Jaime Román Araya, Nicholas Barasa, Milton Gay, Nabil Habiby, Andrea Sawtelle,
Bakhoh Jatmiko

Editora de los libros y la serie: Lisa Aparicio

Correctores de estilo: Hailey Teeter, Emily Reyes y Emily Knocke

Diseño de portada: Christian Cardona

Traductora: Hilda E. Navarro

Traductores de contenido original: Samuel Aparicio (Capítulo (1 y 3)

TABLA DE CONTENIDO

ACERCA DE ESTA SERIE

"¿Cómo guías a los jóvenes para que confíen en el evangelismo?"

"¿En qué debería pensar para asegurarme de que mis jóvenes crezcan en su fe?"

"A veces siento que no sé lo que estoy haciendo como líder. ¿Cómo voy a ayudar a mis jóvenes a desarrollar sus propias habilidades de liderazgo?"

Con frecuencia escuchamos preguntas como estas de parte de líderes de jóvenes de todo el mundo. Son líderes de jóvenes de iglesias pequeñas y grandes. Son pastores de jóvenes capacitados formalmente y voluntarios laicos que sirven como líderes de jóvenes. Quizás también te hayas hecho preguntas como estas.

Esta serie de tres libros es nuestra manera de llegar a los líderes locales de jóvenes para alentarlos y capacitarlos en este trabajo que están realizando y que es tan profundamente significativo. El desafío es que el ministerio juvenil es diverso y que se navega en matices culturales siempre cambiantes. Por lo tanto, hemos elegido enfocar cada uno de estos libros en una de nuestras estrategias principales en la JNI; evangelismo (SÉ), discipulado (HAZLO) y desarrollo de liderazgo (VE). Estas estrategias centrales han servido bien al ministerio juvenil en la Iglesia del Nazareno desde sus primeros días. También hemos invitado a un equipo diverso de escritores para que nos ayuden a compartir una perspectiva integral contigo. Confiamos en que disfrutarás de esta mezcla de voces y que la combinación de perspectivas te proporcionará una conexión con tu entorno ministerial sin importar cuál sea tu contexto.

Dondequiera que te encuentres en el ministerio, debes saber que se te aprecia, que se ora por ti y que aportas más habilidades al ministerio juvenil de lo que crees.

Que Dios te bendiga.

Gary Hartke
Director de Juventud Nazarena Internacional

PREFACIO

Cuando hablamos de evangelismo (SÉ), discipulado (HAZLO) y desarrollo de liderazgo (VE), generalmente es más fácil para nosotros tener acceso a voces similares a las nuestras, que comparten ideas y estrategias con las que ya estamos familiarizados. Sin embargo, creemos que nuestras tres estrategias principales en la Juventud Nazarena Internacional merecen una discusión más matizada. Comenzamos esta conversación en 2013 con un énfasis renovado en nuestras estrategias medulares y comenzamos a hablar sobre SÉ, HAZLO y VE.

Evangelismo:
SÉ la luz de Dios, incluso en los lugares oscuros de nuestro mundo.

Discipulado:
HAZ el trabajo arduo de asemejarte más a Jesús a medida que caminas con los demás.

Desarrollo de Liderazgo:
VE a tu comunidad y aprende como líder siervo.

Conforme la conversación de SÉ, HAZLO y VE se fue difundiendo, quisimos ayudar a que también se difundieran las lecciones que surgieron de esas pláticas. Queríamos que diversas voces enseñaran las lecciones, cada una aportando una perspectiva única a la conversación global. Para lograr esto, necesitábamos un equipo global de escritores y el resultado fue esta serie que creemos es una verdadera expresión de lo que significa ser una iglesia global.

Confiamos en que te beneficiarás enormemente del trabajo de estos diversos autores. Se proporciona una breve introducción para cada uno al comienzo de su capítulo. Al leer el trabajo, te darás cuenta de la diversidad de nuestra iglesia, no solo a través del contenido, sino incluso en pequeños detalles, como el léxico. Hemos tomado la decisión intencional de mantener el vocabulario y el estilo de ortografía para cada autor de acuerdo con lo que se usa en la parte del mundo donde vive. Cuando un capítulo se traduce de un idioma diferente, la ortografía y el vocabulario reflejan más el país de origen del traductor.

Que Dios te bendiga en el ministerio, en esa búsqueda por involucrar activamente a tus jóvenes en el evangelismo, el discipulado y el desarrollo de liderazgo. Creemos que estos libros son puntos de partida para ayudarte a avanzar en tu ministerio con más intencionalidad. A partir de aquí, ¿hacia dónde irás? Te invitamos a tomar tu lugar en la historia global de SÉ, HAZLO y VE.

Lisa Aparicio
Editora
Coordinadora de Desarrollo Ministerial, Juventud Nazarena Internacional

AGRADECIMIENTOS

La formación de un equipo de redacción global requirió la participación y el apoyo de muchas personas. Comenzó con una invitación para que todos nuestros coordinadores regionales de JNI nos compartieran los nombres de líderes juveniles de su región que sobresalieran en evangelismo, discipulado o desarrollo de liderazgo. Sin el apoyo y el discernimiento de Ronald Miller (Región África), Janary Suyat de Godoy (Región Asia-Pacífico), Diego López (Región Eurasia), Milton Gay (Región Mesoamérica), Jimmy De Gouveia (Región América del Sur) y Justin Pickard (Región Estados Unidos / Canadá) estos libros no se habrían podido hacer.

Se realizaron videoconferencias con los 18 escritores para compartir, colaborar y, en última instancia, dar forma a la estructura de estos libros. Shannon Greene (Oficina de la JNI Global) organizó y dirigió las llamadas. Su contribución general a este proyecto fue absolutamente invaluable. Kenny Wade (Jóvenes en Misión) también participó en cada llamada para compartir los antecedentes de la iniciativa SÉ, HAZLO, VE. El contexto que brindó le dio a todo el proyecto un sólido cimiento sobre el cual construirlo. Kenny también contribuyó a la serie como autor de las introducciones.

Sin embargo, en última instancia, estos libros no habrían sido posibles sin el arduo trabajo de cada uno de nuestros escritores. Han compartido de todo corazón cómo ven a Dios trabajando por medio de los esfuerzos de la iglesia para involucrar a los jóvenes en el evangelismo, el discipulado y el desarrollo del liderazgo.

África
Wesley Parry (Evangelismo)
Nicholas Barasa (Discipulado)
Lesego Shibambo
(Desarrollo de liderazgo)

Asia-Pacífico
Daniel Latu (Evangelismo)
Bakhoh Jatmiko (Discipulado)
Cameron Batkin
(Desarrollo de liderazgo)

Eurasia
Wouter van der Zeijden (Evangelismo)
Nabil Habiby (Discipulado)
Kat Wood (Desarrollo de liderazgo)

Mesoamérica
Darío Richards (Evangelismo)
Milton Gay (Discipulado)
Odily Díaz (Desarrollo de liderazgo)

América del Sur
Christiano Malta (Evangelismo)
Jaime Román Araya (Discipulado)
Thiago Nieman Ambrósio
(Desarrollo de liderazgo)

EUA/Canadá
Denise Holland (Evangelismo)
Andrea Sawtelle (Discipulado)
Phil Starr (Desarrollo de liderazgo)

INTRODUCCIÓN

Kenny Wade

Kenny Wade es el coordinador de Jóvenes en Misión. Para Kenny, el ministerio Juvenil es la imaginación del Reino Venido a través de la innovación pionera de las vidas de los jóvenes comprometidas con Cristo. Cree que el discipulado es el ciclo en el que se es la iglesia, es correctivo, formativo y da vida.

El HAZLO del discipulado fluye del SÉ de vivir en relación con Cristo. El discipulado es la misión de unirse a Dios en la obra que Él está haciendo en el mundo (Mateo 28:18-20). El discipulado es permitir que nuestras vidas se formen en el proceso de seguir a Jesús. Con todo nuestro ser, viajamos en comunidad, participando en la misión de Dios que ya está presente e invitando a otros a hacer lo mismo. Un misionero que sirvió entre los pueblos aborígenes del noroeste de Australia durante más de 20 años me dijo que su método de discipulado es amar a Dios, amar a otros y enseñar a otros a hacer lo mismo (Lucas 10:27). Suena conocido, ¿verdad? El discipulado es nuestra vocación central y nuestra misión como pueblo de las Buenas Nuevas. Es lo que HACEMOS.

Mi amigo Bobby (sobre el que comencé a compartir en la introducción para el libro de SÉ) me enseñó sobre el discipulado. El Espíritu de Jesús ya estaba vivo y activo y atrayendo a Bobby. ¡No quería interponerme ni estropear las cosas! Es como si me confiaran a Bobby y Dios nos estuviera preparando a ambos para el viaje que teníamos por delante. Dios me estaba utilizando para nutrirlo en un sentido más profundo de la identidad de fe en Cristo. Sin embargo, Dios también me estaba enseñando a través de Bobby a estar contento simplemente viajando junto a alguien a su propio ritmo, esperando a notar cómo Dios estaba obrando. Los dos estábamos siendo discipulados.

> **El discipulado significa actuar de formas que se alineen con lo que creemos.**

Leonard Sweet ve el evangelismo y el discipulado en el mismo proceso de crecimiento en la gracia de Dios.[1] Se puede ver al evangelismo como las etapas iniciales de la formación de discípulos. El discipulado consiste en aprender y crecer en la gracia, tanto para nosotros como para los demás. El discipulado significa actuar de formas que se alineen con lo que creemos. HACEMOS cosas que nos ayudan a crecer. HACEMOS cosas que ayudan a otros a crecer. El discipulado es la acción del hacer que fluye del ser con Cristo.

Estar en Cristo resulta en HACER y compartir las Buenas Nuevas por medio de nuestras vidas. Nuestro ejemplo es la vida de Jesús y Su misión (Lucas 4). Seguimos los pasos de nuestro maestro contextualizando las Buenas Nuevas y viviendo ejemplos intemporales de vidas centradas en Cristo. Oración. Las Escrituras. La soledad. La comunidad. La adoración. El sacrificio. La compasión. El aprendizaje. El servicio. El discipulado comienza de una relación personal con Dios y se derrama en todas las demás relaciones. El discipulado no ocurre por sí solo. El discipulado es mejor cuando se practica en tensión, la tensión de ser un discípulo de Jesús al acercarse a Dios. Practicar lo que hizo Jesús al ser las Buenas Nuevas. Luego invitar a otros a hacer lo mismo. Debemos ser discipulados por alguien y estar discipulando a alguien más. A veces somos discipulados por personas que son mayores que nosotros; otras veces por los que son más jóvenes que nosotros. La edad y la longevidad de la fe en Cristo son importantes, pero no tan importantes como la dinámica de un espíritu enseñable. Como aprendiz de por vida, puedo ser selectivo en cuanto a quién puedo instruir y quién quiero influir en mi viaje de discipulado. Pero cuando practico un espíritu enseñable, entonces todos, de cualquier edad y origen, pueden convertirse en canales de la gracia de Dios para moldear y formar mi fe en Cristo. Solo podemos compartir, ser tutores y liderar en las formas que hemos experimentado y elegido para crecer.

> **El discipulado no es una experiencia solitaria. No podemos crecer en una relación con Cristo a menos que estemos creciendo en una relación con los demás.**

Bobby quería crecer pero no sabía cómo. Quería creer, pero no estaba seguro de poder hacerlo. Necesitaba que alguien viajara a su lado en esta búsqueda. Necesitaba a la comunidad de fe de la iglesia. Más importante aún para las primeras conversaciones, necesitaba que un miembro del cuerpo de Cristo fuera su amigo y lo amara por quien era, como un compañero portador de la imagen de Dios. Bobby necesitaba una comunidad cristiana para descubrir la confianza en Cristo tanto como yo necesitaba una amistad fuera de las relaciones de la iglesia para participar auténticamente de la misión de Dios.

La conversación que tuvimos a la entrada de su casa y su pregunta sobre la iglesia nos llevaron a una cafetería cercana y de regreso al campo deportivo cuando ambos fuimos entrenadores. Ahora, otra vez Bobby estaba preguntando acerca de la iglesia. Nuestra amistad discipuladora avanzaba hacia una mayor visión de la comunidad en el cuerpo de Cristo. El discipulado no es una experiencia solitaria. No podemos crecer en una relación con Cristo a menos que estemos creciendo en una relación con los demás (Marcos 12:30-31). Del mismo modo, no podemos crecer verdaderamente en relación con los demás a menos que estemos creciendo en una relación con Cristo. La dinámica de estas relaciones es donde practicamos y cómo experimentamos la santidad de vivir y ser transformados a la imagen de Cristo. El discipulado está creciendo en nuestro amor a Dios y amor a los demás y luego enseñar a otros a hacer lo mismo. El discipulado es algo que HACEMOS y algo que permitimos que nos HAGAN.

El discipulado saludable es ser discípulo de Cristo mientras se es discipulado y se discipula a otros. Compartimos con los demás cómo estamos creciendo para que puedan aprender a experimentar cómo profundizar en Cristo y crecer como reflejo de la imagen restaurada de Dios. De alguna manera, la relación de discipulado refleja a la de un padre y su hijo. Nos guste o no, nuestros padres, si son nuestros principales proveedores de cuidados, tienen la mayor influencia en nosotros de niños. Nuestras vidas reflejan el tiempo que hemos pasado con ellos (y lejos de ellos). Nuestras vidas hacen eco del patrón que han establecido y de los surcos que han trazado con sus decisiones, hábitos y experiencias. Si usted es padre, entonces sus hijos son una prioridad relacional del discipulado centrado en Cristo (1 Timoteo 3:12). Los padres que siguen a Cristo tienen la responsabilidad principal de discipular a sus hijos.

Estas relaciones cercanas son a menudo las más difíciles de SER y HACER al seguir a Cristo. Este desafío las convierte en las relaciones más importantes para luchar por el crecimiento, la gracia y el reflejo del amor y la paciencia de Cristo. Si atendemos estas relaciones lo mejor que podamos en Cristo, entonces seguirán todas las otras áreas del discipulado. Nuestros hijos pueden ser nuestros mejores maestros.[2] Elegir tener un espíritu enseñable en las relaciones en las que somos más vulnerables es una base importante para un discípulo en desarrollo.

> **¿Qué tengo para ofrecer a la comunidad de fe sin profundizar una relación con Cristo?**

Todo el café, el entrenamiento y las conversaciones de la iglesia con Bobby estuvieron cultivando una amistad de discipulado entre nosotros con Cristo como nuestra guía. Bobby me había expresado su anhelo de paz, alegría y libertad. Me había visto experimentar estos efectos secundarios relacionales de la fe en Cristo a través de mis dudas, miedos, decisiones y frustraciones en nuestro viaje conjunto (1 Corintios 11:1). A menudo, le recordaba que esas realidades de fe solo eran posibles debido a una confianza relacional en Cristo.

CAPÍTULO 1

Fundamentos bíblicos del discipulado

Jaime Román Araya

Jaime Román Araya es el coordinador de área de JNI en Chile y pastorea en Santiago de Chile. El ministerio juvenil le entusiasma porque tiene la oportunidad de presentar el Evangelio en su totalidad, en el idioma de la nueva generación. Considera que el discipulado es importante porque sin madurez no hay crecimiento. Para Jaime, el discipulado significa invertir tu vida en las vidas de otros.

"¡Hola amigos, es un placer conocerlos! Soy un joven pastor y el responsable de una estrategia de discipulado que involucra a un gran número de personas. Sin embargo, para esta tarea, he decidido concentrar mis esfuerzos en trabajar principalmente con un grupo específico de hombres y mujeres. De hecho, estoy llegando al final de mi asignación actual de ministerio, por lo que últimamente me he centrado en preparar a este grupo para discipular a otros. No nos espera un camino fácil. Sin duda enfrentaremos tiempos difíciles en el camino y esto hará que muchos duden de nuestro trabajo. No obstante, estoy decidido a acompañarlos en esta aventura mientras pueda. Sé que van a cambiar el mundo. Tal vez te encuentres en una situación similar a la mía. Los invito a seguir mi ejemplo y compartir su experiencia con otras personas que necesitan aprender de ti. Por cierto, creo que me olvidé de presentarme. Mi nombre es Jesús y soy de Nazaret".

Hace casi 20 siglos, este joven de aproximadamente treinta años comenzó su ministerio entre hombres y mujeres comunes como tú y yo. Tomó su trabajo tan en serio que el mensaje que le confió a este grupo incipiente de creyentes sobrevivió innumerables guerras, calamidades, antagonismo constante y una férrea persecución. La supervivencia milagrosa del Evangelio significa que podemos continuar cumpliendo la misma Gran Comisión dada a esos primeros discípulos.

En ocasiones, la fatiga física de Jesús era tan evidente que todos la notaron cuando se enfrentó a situaciones que probaron su paciencia. Después de atender a multitudes de personas que llevaron sus necesidades a Él, Jesús se quedó dormido y descansó en un frágil bote de madera mientras Él y Sus discípulos cruzaban al otro lado del Mar de Galilea. A pesar de ser alcanzado por una poderosa tormenta, Jesús siguió durmiendo. Cuando la tormenta continuó, los discípulos ya no pudieron contener su miedo y despertaron a Jesús, sabiendo que sus vidas estaban en peligro. Es aquí donde Jesús llama a sus discípulos, diciendo: "Hombres de poca fe, (...) ¿por qué tienes tanto miedo?" (Mateo 8:26). Los discípulos estaban aprendiendo quién era Jesús y, sin embargo, su lentitud para creer es una prueba de la paciencia que Jesús tuvo con ellos mientras caminaba con ellos en sus viajes de fe. Habríamos tenido la misma reacción que Jesús, o probablemente peor, si alguien inesperadamente interrumpiera nuestro descanso después de un largo día de arduo trabajo. Este era Jesús, un joven pastor que vivió el ministerio que le fue confiado por Su Padre, soportando (y también disfrutando) diariamente la humanidad de los discípulos imperfectos que Él mismo había escogido.

En Jesús encontramos el modelo perfecto del corazón de un pastor, lleno de amor y gracia, que fue descrito magistralmente por el rey David casi 1000 años antes del nacimiento del Mesías:

> "Tú, mi Dios, eres mi pastor; contigo nada me falta.
> Me haces descansar en verdes pastos,
> y para calmar mi sed me llevas a tranquilas aguas.
> Me das nuevas fuerzas y me guías por el mejor camino, porque así eres tú.
> Puedo cruzar lugares peligrosos y no tener miedo de nada,
> porque tú eres mi pastor y siempre estás a mi lado;
> me guías por el camino correcto y me llenas de confianza.
> Aunque se enojen mis enemigos, tú me ofreces un banquete
> y me llenas de felicidad; ¡me das un trato especial!
> Estoy completamente seguro de que tu bondad y tu amor
> me acompañarán mientras yo viva,
> y de que para siempre viviré donde tu vives". (Salmo 23, TLA)

Con el corazón de un pastor y sabiendo la naturaleza imperfecta de su equipo, Jesús los discipuló al compartir principios y verdades con métodos que dejaron una marca en sus vidas y en las vidas de quienes los rodeaban. El Maestro compartió Sus enseñanzas en la vida diaria, sin organizar conferencias, seminarios o convenciones, incluso cuando surgieron problemas doctrinales o fundamentales. Jesús fue práctico y sencillo en la implementación de su metodología. Por ejemplo, lo vemos escupir en la tierra para hacer barro y curar a un hombre ciego de nacimiento y montar a un burro en su entrada triunfal a Jerusalén. Cada vez que se presentó la oportunidad de adaptar elementos simples de su entorno para ilustrar una enseñanza, Jesús no perdió tiempo para aprovechar la oportunidad de instruir a sus seguidores.

Vemos en la Biblia cómo Jesús formó a Sus discípulos en las calles, caminando largas horas y días al sol, pasando hambre, sintiendo frío y cansancio. El Señor compartió su vida con rabinos y prostitutas, con funcionarios romanos y paralíticos sin esperanza. No tuvo problema en sentarse a la mesa con los recaudadores de impuestos y otros pecadores infames. Tenía tan clara Su misión que no perdió tiempo tratando de seguir las tradiciones sociales y religiosas impuestas por los hombres. Más bien, invirtió todos sus recursos en el cuidado de su rebaño.

Después de largos viajes para predicar, sanar a los enfermos y realizar milagros, el Maestro prefirió comer un buen sándwich (hot dog, arepa o el bocadillo más popular de tu país) con Sus amigos en un comercio local que retirarse a una habitación de lujo en alguna posada para descansar solo. Al abrirles su vida diaria, Jesús transmitió el mensaje más importante del universo a sus discípulos. Estos seguidores imperfectos que aún no comprendían la gloriosa misión que estaban a punto de recibir, incluso después de compartir la vida con el mismo Hijo de Dios, estos discípulos fueron transformados a través de sus interacciones diarias con Jesús.

Debido a la claridad con que Jesús nos presenta su estrategia mediante las Escrituras, vemos que el discipulado es más un proceso de vida que una actividad o departamento dentro de nuestra iglesia. El Dr. Lucas Leys escribe: "el discipulado … empieza en el momento en que entramos en la membresía del cuerpo (la iglesia) y terminará en los cielos".[1] Añade, "ser discípulos y amigos de Cristo significa que queremos vivir como Él nos enseñó. El discipulado no es un programa ni meramente un método. El discipulado significa practicar las disciplinas de Cristo a tal punto que nuestra vida contagie a otros con la misma obediencia. Nosotros debemos vivir las enseñanzas de Cristo para poder 'enseñarlas' a nuestros jóvenes".[2]

Casi cualquier persona puede transmitir información sobre la fe cristiana. Para hacer eso, solo necesita un lápiz y un folleto donde completar los versículos bíblicos. Sin embargo, para transmitir los principios de la vida, se necesita amar profundamente a Dios y tener la voluntad de permitirse ser moldeado por las manos del Maestro Alfarero.

En nuestros ministerios juveniles, debemos asegurarnos de que no nos relajemos en el trabajo que estamos haciendo con los nuevos creyentes. Con demasiada frecuencia respondemos a la necesidad de discipular a jóvenes creyentes ofreciendo algunas lecciones de una clase de Biblia para enseñar los "fundamentos bíblicos del cristianismo". Actuamos como si esperáramos que nuestros jóvenes se "graduaran" como discípulos de Jesús al final de las clases, como si fueran graduados universitarios. Lamentablemente, tan pronto como termina la ceremonia y desaparecen las luces, los aplausos y las felicitaciones, solemos abandonarlos a su destino, esperando que este "nuevo discípulo" tome la decisión de ser bautizado, de modo que en el corto plazo, él o ella sea recibido como miembro de la iglesia. Incluso podemos esperar que algún día escuchen la voz de Dios llamándolos al ministerio para que podamos ver el fruto de nuestro esfuerzo.

Este sistema rudimentario ha sido utilizado por muchos, pero no se parece en nada a los modelos de discipulado que vemos en la Biblia. Es hora de evaluar nuestras estrategias de discipulado y realizar los cambios necesarios para alinearnos con el modelo que Cristo nos dio: un modelo que reconoce y responde a la verdadera importancia del discipulado para los nuevos creyentes. Nuestros jóvenes nos buscan para ayudarles a construir una base sólida requerida para la vida cristiana. Más importante aún, Dios espera que seamos discípulos verdaderos y fieles, no solo "conversos". ¡Es hora de que asumamos esta responsabilidad!

Nuestra tarea

La Gran Comisión, junto con extender el desafío de dejar todo atrás para anunciar el mensaje del Evangelio, también llamó a los creyentes a ayudar a los nuevos convertidos a aprender y ser moldeados por las enseñanzas y los mandatos de Jesús. Aceptar el llamado de "IR", es fundamental, pero no debemos olvidar que es solo la primera parte de la Gran Comisión. El trabajo de fortalecer, discipular y formar seguidores de Cristo es la segunda parte que muchos de nosotros dejamos sin hacer. Entonces, ¿qué quiere decir Jesús cuando nos manda a hacer discípulos?

Estamos preocupados por hacer la obra de Dios, pero ¿estamos preparando intencionalmente a la próxima generación para vivir audazmente su fe con el fin de transmitir el mensaje más importante del universo?

Discipular, en palabras sencillas, es transmitir a otros el mensaje que hemos recibido y asegurarse de que cumplan la misma misión con la misma pasión. El gran apóstol Pablo entendió muy bien esta idea del discipulado y la compartió con su joven discípulo Timoteo: "Me has oído enseñar verdades, que han sido confirmadas por muchos testigos confiables. Ahora enseña estas verdades a otras personas dignas de confianza que estén capacitadas para transmitirlas a otros". (2

Timoteo 2:2, NTV) En resumen, Pablo estaba diciendo: "¡Timo, asegúrate de que este mensaje no muera contigo!"

Debemos ser honestos con nosotros mismos y evaluar nuestros ministerios. Estamos preocupados por hacer la obra de Dios, pero ¿estamos preparando intencionalmente a la próxima generación para vivir audazmente su fe con el fin de transmitir el mensaje más importante del universo?

Para cumplir la misión de hacer discípulos, también debemos permitir que otros nos aconsejen, guíen y discipulen. En el ministerio, es esencial que busquemos mentores, personas con madurez, experiencia y autoridad espiritual a quienes podamos rendirles cuentas, pedir consejo y quienes nos puedan corregir. Félix Ortiz describe a un mentor de esta manera:

"Un mentor no es ni un padre, ni un compañero, ni Dios, ni alguien perfecto; es simplemente un cristiano que tiene el firme compromiso de crecer en su conocimiento de Jesús, de aceptarlo como su Señor y Salvador, de seguirlo y de ayudar a otro creyente a profundizar su propia experiencia con el Señor. De aquí se deducen dos verdades importantes: 1) El mentor es un seguidor activo de Jesús. 2) Ayuda a otro creyente a ser un seguidor activo de Jesús".[3]

Si no somos moldeados conforme a Cristo, formaremos discípulos personales según nuestro propio corazón, discípulos que sigan nuestro ejemplo y tomen decisiones basadas en nuestra humanidad y no en la imagen de Jesús que deberíamos estar reflejando.

Es saludable y necesario ser moldeables y reconocer que necesitamos corrección de alguien más, sobre todo cuando somos promovidos a niveles de liderazgo cada vez más altos. Nunca debemos olvidar que también somos ovejas siguiendo al Buen Pastor. Nunca perdamos el olor a oveja. Como lo expresó Francisco Cifuentes, un pastor chileno, "soy una oveja que se para en dos patas el domingo".

Si el mismo Jesús acudía al Padre todos los días, en intimidad y humildad, ¡cuánto más nosotros! Pide hoy a Dios un corazón y un espíritu enseñables.

Es ética y prácticamente imposible formar jóvenes conforme al corazón de Dios si antes no conocemos el corazón de Dios. Para conocer a alguien, en cualquier nivel, debemos pasar tiempo con aquella persona. En consecuencia, una relación íntima y continua con Dios te capacita natural y sobrenaturalmente para cumplir la gran tarea de formar discípulos de Cristo. Si no somos moldeados conforme a Cristo, formaremos discípulos personales según nuestro propio corazón, discípulos que sigan nuestro ejemplo y tomen decisiones basadas en nuestra humanidad y no en la imagen de Jesús que deberíamos estar reflejando. Deberíamos hacernos esta pregunta regularmente: ¿Estoy formando discípulos propios o discípulos de Jesús?

Hay un dicho popular que dice: "el perezoso trabaja doble". Creo que esta frase transmite muy bien el tremendo esfuerzo que se debe realizar cuando tratamos de discipular siendo perezosos espirituales, sin invertir diariamente en un tiempo de crecimiento personal practicando los hábitos espirituales. Por otro lado, cuando pasamos tiempo con Dios de una manera disciplinada, los que nos rodean van siendo discipulados por nuestro ejemplo y carácter, que cada vez se va pareciendo más al de Jesús. Esta fue la meta que Pablo le confió a los efesios: "Ese proceso continuará hasta que todos alcancemos tal unidad en nuestra fe y conocimiento del Hijo de Dios que seamos maduros en el Señor, es decir, hasta que lleguemos a la plena y completa medida de Cristo". (Efesios 4:13, NTV)

La pregunta que debemos responder es: ¿Cómo discipuló Jesús a otros?

Aunque lo hizo de manera informal y sin dejarnos un manual de instrucciones paso a paso, al leer los Evangelios podemos ver cómo la estrategia de discipulado de Jesús recae en cuatro áreas de influencia. Estos se pueden clasificar por el tamaño de la audiencia con la que estaba trabajando. Con mucha sabiduría, el maestro asignó recursos e invirtió tiempo de acuerdo con lo que cada grupo necesitaba para lograr diferentes niveles de impacto, confianza e intimidad.

Así, vamos a distinguir las formas en que Jesús llevó a cabo de manera única el discipulado con las multitudes, también con el grupo más grande de seguidores (conocido como "los 72"), luego con los doce apóstoles y, finalmente, con el pequeño grupo íntimo de 3 discípulos. Estudiaremos un poco a cada grupo y el nivel de influencia que Jesús tuvo en ellos.

Las multitudes

Jesús comienza su ministerio público entre una multitud cuando es bautizado y reconocido como el Mesías por su primo Juan el Bautista en el río Jordán. Aunque no fue su prioridad, Jesús dedicó parte de su tiempo a compartir su vida, sus enseñanzas y su servicio con grandes grupos de personas, que en ocasiones llegaron a ser millares.

Los relatos más conocidos de su trabajo de discipulado con grupos de este tamaño son el "Sermón del Monte" (Evangelio de Mateo, capítulo 5) y la "Alimentación de los Cinco Mil" (Evangelio de Juan, capítulo 6).

Con este tamaño de audiencia, Jesús se limitó a compartir enseñanzas generales que podían aplicarse a cualquier persona y situación, y dedicó su tiempo a realizar milagros según las necesidades que se presentaran. No había manera para que Jesús hiciera un trabajo personal y profundo con cada individuo con el que se encontrara, sin embargo, demostró su cuidado y preocupación por la multitud al atender sus necesidades.

Quizás esta es la forma más común de discipular, usando el enfoque tradicional de la iglesia. El pastor, líder o maestro se limita a guiar a su grupo desde el frente y detrás de un púlpito, y por lo tanto usa la predicación para corregir e instruir a la congregación. La ventaja de este enfoque es que una gran cantidad de personas puede ser influida al mismo tiempo, pero una desventaja es la incapacidad de atender las necesidades y preguntas únicas de cada persona.

Las multitudes o congregaciones como áreas de influencia proporcionan buenas oportunidades para hacer un discipulado a gran escala. Sin embargo, no puede ser la única forma de involucrar a las personas en el discipulado.

Grupos grandes

Únicamente el Evangelio de Lucas (capítulo 10) contiene el momento en que Jesús comisionó a un grupo de 72 discípulos (o 70, según la versión de la Biblia que uses), para cumplir la tarea de visitar las ciudades a las que planeaba ir más tarde. Los discípulos se dividieron en parejas para predicar y realizar sanidades entre el pueblo.

Para formar un grupo de 72 personas, Jesús tuvo que elegir a algunos de entre las multitudes que lo seguían y apartarlos para pedirles un mayor nivel de compromiso. Esto indicaría que Jesús probablemente pasó más tiempo con los 72 que con las multitudes. Invirtió su vida y enseñanzas con mayor esfuerzo en ellos que con las multitudes.

En esta categoría también podemos incluir al grupo de creyentes que permaneció unido y perseveró después de la ascensión de Cristo, un grupo mencionado en el capítulo 1 del libro de los Hechos. De entre todos los que pertenecían a este grupo, Matías fue elegido como el apóstol sucesor de Judas Iscariote. Los requisitos eran que esta persona hubiera seguido a Jesús a lo largo de su ministerio en la tierra y hubiera sido testigo de su resurrección. Con este pasaje, recordamos al grupo de hombres y mujeres fieles que siguió a Jesús desde el inicio de su ministerio aquí en la tierra y que respondió con un mayor compromiso al discipulado que recibió de Cristo. Así, Jesús pudo invertir en ellos y discipularlos de manera más intensa.

Es necesario prestar atención a las personas que en tu ministerio dan señales de crecimiento en su compromiso y relación con Jesús y que también muestran interés en el servicio dentro y fuera de la iglesia. Al igual que Jesús, debemos comenzar a confiarles a quienes se están acercando a Dios algunas responsabilidades, ya que establecerán su lugar en el cuerpo y usarán sus dones para el reino.

Grupos pequeños

Al leer los Evangelios, se destaca la cantidad de tiempo que Jesús invirtió en un grupo específico de seguidores, los doce apóstoles. A excepción de sus tiempos de oración y retiro personal, Jesús pasó la mayor parte de sus días con estos doce discípulos. Vivió los últimos tres años de Su vida en la Tierra con este selecto grupo de hombres, compartiendo cada situación que la vida les presentó, sin importar qué tan cotidiana fuera. Aprovechó la confianza, la transparencia y la cercanía que proporciona un grupo tan pequeño de personas para entrenar a los apóstoles y mostrarles el estilo de vida que esperaba de ellos.

Claramente, trabajar con grupos pequeños no se trata de un sistema de iglecrecimiento o de una moda pasajera utilizada en los ministerios contemporáneos de la iglesia. Jesús mismo nos enseña que el mayor fruto de su ministerio no lo obtuvo del tiempo que pasó con las multitudes, sino al invertir tiempo de calidad con sus discípulos más cercanos. Es en ese contexto donde el Maestro produjo un potente, auténtico y eterno impacto en la vida de cada uno de los apóstoles.

Ya sea que los llames grupos pequeños, células, semillas, casas de oración, grupos de vida, grupos de conexión, centros de bendición, grupos de amistad o el nombre más original que se te ocurra, pasar tiempo vertiendo tu vida en tu juventud debe convertirse en una prioridad para ti y para tus otros líderes juveniles. Es fundamental compartir la vida con nuestros jóvenes y ayudarlos a ver su responsabilidad y función en el cumplimiento de la Gran Comisión.

Te aliento a que organices tu tiempo de modo que destines un par de horas cada semana, salgas con tu grupo pequeño a tomar un café o un helado y hablen sobre lo que significa vivir en santidad y disfrutar de la vida en Dios. Estos son los detalles que tus jóvenes nunca olvidarán y probablemente replicarán con aquellos a quienes están discipulando.

Las relaciones en el ministerio no ocurren automáticamente, sino que se construyen intencionalmente. El Dr. Lucas Leys escribe:

> "Los líderes efectivos saben que los estudiantes no necesitan tanto predicadores, teólogos o terapeutas como amigos maduros que sepan modelar la vida cristiana y puedan compartir esa vida con ellos. El ministerio relacional se trata de llevar a los jóvenes hacia la madurez y los propósitos por la vía de la amistad y del trabajo de las relaciones".[4]

Estos pequeños grupos son vitales porque el tiempo disponible para nosotros durante la reunión del grupo de jóvenes no es suficiente para transmitir todos los principios bíblicos y las verdades de la vida que nuestros jóvenes necesitan para sobrevivir en esta sociedad cada vez más confusa y secular. El enemigo quiere mantenernos separados, porque sabe que juntos somos más fuertes. Toma la iniciativa de Jesús e invierte tu vida en la juventud que Dios te ha confiado. La vida cristiana fue diseñada para disfrutarse en comunidad, no en soledad.

El grupo íntimo

El apóstol Pablo declaró que, "Dios no tiene favoritos" (Romanos 2:11 TLA). Sin embargo, Jesús ciertamente tuvo discípulos (y amigos) con quienes compartió algunos de los momentos más singulares e importantes de su ministerio.

Al estudiar la historia cuando Jesús resucita a la hija de Jairo en el evangelio de Marcos, capítulo 5, los versículos 37 y 40 indican que Jesús permitió que solo tres de sus discípulos lo acompañaran a la casa y entraran con él a la habitación donde estaba la niña. Estos fueron Pedro, Santiago y Juan.

Si avanzas al capítulo 9 del mismo libro y te detienes en el versículo 2, verás que Jesús está nuevamente acompañado de los mismos tres discípulos: Pedro, Santiago y Juan. En esa ocasión, sucede algo tan sobrenatural e impactante que hace que los discípulos tiemblen de miedo y no puedan contener su asombro. El versículo 10 provee un detalle interesante: guardaron el secreto de este evento. Esta actitud destaca claramente la confianza que existía entre el rabino y sus tres discípulos más cercanos.

También vemos el significado de esta conexión cercana en los momentos finales antes de la crucifixión, cuando Jesús invita a los mismos tres apóstoles a permanecer más cerca de Él:

> Jesús invitó a Pedro, a Santiago y a Juan para que lo acompañaran. Luego empezó a sentir una tristeza muy profunda, y les dijo: «Estoy muy triste. Siento que me voy a morir. Quédense aquí conmigo y no se duerman». Jesús se alejó un poco de ellos, se arrodilló hasta tocar el suelo con la frente, y oró a Dios: «Padre, ¡cómo deseo que me libres de este sufrimiento! Pero no será lo que yo quiera, sino lo que quieras tú». (Mateo 26:37-39 TLA)

La característica única de esta esfera de influencia íntima es cómo Jesús compartió el momento más difícil de su ministerio solo con Sus tres discípulos de mayor confianza: Pedro, Santiago y Juan. Esto nos enseña cuán importante es para los jóvenes a los que estamos discipulando ser partícipes no solo de los momentos felices que disfrutamos en la vida, sino también de los momentos difíciles. Es necesario que nos vean como seres humanos vulnerables al dolor y la necesidad, que vean líderes reales, de carne y hueso, que dependen del Padre en todas las circunstancias de la vida. Necesitan ver esto en nosotros para saber que sus temores, dudas y luchas no los descalifican para caminar con Jesús. Es tranquilizador saber que no existe un líder perfecto, autosuficiente o intocable.

> **El discipulado siempre debe ser visto como algo más que simplemente transmitir información para memorizarla.**

Nuestros grupos de discipulado

Ver y entender los estilos de discipulado que Jesús usó debe desafiarnos y motivarnos para estar seguros de involucrar intencionadamente a estos grupos en el discipulado. El discipulado siempre debe ser visto como algo más que simplemente transmitir información para memorizarla. Jesús derramó su vida sobre todos los que lo rodeaban, aun cuando su influencia siempre se intensificó sobre los que eran más cercanos a él.

En su libro, *The 21 Irrefutable Laws of Leadership* [*Las 21 leyes irrefutables del liderazgo*], John Maxwell llama a la última de sus leyes para los líderes efectivos "La ley del legado", la cual establece que "el valor duradero de un líder se mide por la sucesión".[5] Maxwell dice:

> Casi cualquier persona puede hacer que una organización se vea bien por un momento — lanzando un nuevo programa o producto llamativo, atrayendo a multitudes a una gran actividad, o reduciendo radicalmente el presupuesto para reforzar los fundamentos. Pero los líderes que dejan un legado toman medidas diferentes. Dirigen con el hoy y el mañana en mente.[6]

Este pensamiento también podría aplicarse al discipulado y se ve a cabalidad en Jesús, en el qué y cómo enseñó. El Mesías tenía toda la autoridad y el poder para responder a la constante petición de Sus discípulos de liberar a Israel del Imperio Romano, organizando una gran revuelta con consecuencias catastróficas y, al final, obtener todo el mérito de la victoria. Sin embargo, el sabio Maestro de Galilea, con humildad y sencillez, con amor y respeto por el Padre, invirtió Su ministerio en la compleja tarea de formar discípulos y líderes que pudieran sucederlo cuando Él ya no estuviese.

A medida que leas los capítulos restantes de este libro y explores formas nuevas o diferentes de involucrar a los jóvenes en el discipulado, procura seguir el ejemplo de Jesús. Toma en serio el trabajo de pasar las buenas nuevas. Deja un legado. Sigue el consejo de Pablo a Tito, un pastor de jóvenes: "A los jóvenes, recomiéndales que aprendan a controlar sus malos deseos. Tú mismo tienes que ser un buen ejemplo en todo. Enséñales a hacer el bien y, cuando lo hagas, hazlo con seriedad y honestidad". (Tito 2:6-7, TLA)

CAPÍTULO 2

Al empezar: Discípulos que hacen discípulos

Nicholas Barasa

Nicholas Barasa es coordinador de jóvenes del Área África Oriental y sirve en Nairobi, Kenia. El ministerio juvenil es emocionante para él porque le encanta desarrollar líderes e impactar a los jóvenes con la palabra de Dios. Nicholas ve el discipulado como el camino del crecimiento en la semejanza a Cristo. Su deseo es conocer a Dios y darlo a conocer al resto de su generación.

La iglesia en el siglo XXI parece estar en un punto de decisión. Necesitamos reflexionar críticamente sobre cómo hemos estado cumpliendo, o fallando, al encargo de Jesús de la Gran Comisión de hacer discípulos. Necesitamos ser honestos con nosotros mismos con respecto a las formas en que estamos fallando, arrepentirnos y cambiar de rumbo. En África, se dice que el cristianismo tiene una milla de ancho, pero una pulgada de profundidad. Este es un comentario triste sobre la vida cristiana en África y se podría decir del cristianismo en muchas otras partes del mundo también. El Evangelio se ha extendido y, si bien las personas son religiosas, muchas no están verdaderamente arraigadas en Cristo. Si bien dicen que son cristianos, el corazón de Cristo no se refleja en su conducta y creencias, y la semilla de esta dualidad es la falta de un discipulado genuino.

El discipulado es un viaje que debe comenzar una vez que una persona entrega su vida a Cristo. El nuevo creyente comienza a aprender y a vivir los cimientos de la fe cristiana y el objetivo del discipulado es ayudarlos a crecer y madurar espiritualmente en Cristo. En otras palabras, el viaje para llegar a ser semejantes a Cristo empieza cuando la persona se entrega a Dios y el viaje continúa con una rendición diaria. La vida de Cristo era irreprensible y el deseo de todo cristiano debería ser vivir una vida que ejemplifique la de Cristo.

> **El discipulado intencional es la clave para moldear la vida de una persona según los valores, las enseñanzas y el ejemplo de Cristo.**

Sin embargo, el discipulado no puede darse por casualidad. El discipulado intencional es la clave para moldear la vida de una persona según los valores, las enseñanzas y el ejemplo de Cristo. Jesús eligió a los doce con quienes pasó todo su tiempo, enseñándoles y permitiéndoles aprender y hacer preguntas. Durante tres años, Jesús caminó con los doce para que los enviara al mundo para enseñar a otros. Nuestra responsabilidad en el ministerio juvenil no termina cuando la juventud crece y sale del grupo de jóvenes. Nuestra responsabilidad es discipularlos para que para cuando "los enviemos al mundo", tengan raíces profundas de fe, una relación cercana con Dios y estén listos para enseñar a otros. Para hacer esto, nuestros pensamientos, estrategias y recursos deben ser canalizados hacia el ministerio del discipulado.

Podemos aprender mucho de la forma tradicional africana en la que los ancianos comparten de manera oral la historia y las virtudes con los jóvenes. Esto aseguró que sus jóvenes pudieran continuar con las tradiciones y los sistemas de valores de la sociedad conforme iban creciendo. Cada oportunidad que los ancianos tuvieran para hablar con los jóvenes, la usarían para enfatizar el sistema de creencias de la comunidad. El momento más apropiado para compartir era durante la etapa de rituales de iniciación. Estas prácticas muestran cuán estratégicos eran los ancianos para asegurarse de que las creencias, los valores y las tradiciones de la comunidad no se perdieran con el tiempo. Su fidelidad hacia este trabajo fue la forma en que la identidad de la comunidad se pasó de una generación a la siguiente.

Así, a media que empecemos a involucrar intencionalmente a nuestros jóvenes en el discipulado, debemos preguntarnos honestamente si hemos aprendido o no las creencias, los valores y las tradiciones de la comunidad cristiana en general. ¿Hemos abrazado las enseñanzas clave que tendremos que transmitir a la próxima generación y las estamos viviendo? ¿Hemos dado tiempo para nuestro propio discipulado? ¿Hay personas o grupos que nos hacen responsables y nos ayudan en nuestro propio viaje de fe? Esto es clave, porque en la vida no podemos dar lo que no tenemos.

¿Quién te está discipulando?

Si bien muchas personas se sienten descalificadas para discipular a otros, porque no se han discipulado intencionalmente, esto no nos da permiso para excusarnos de la Gran Comisión. Empieza a orar ahora para que Dios te guíe a alguien que pueda discipularte. Además, el discipulado no siempre va a ser alguien mayor que tú, sentado frente a ti y haciendo preguntas. Si bien ese es un modelo, el discipulado también puede ser dos amigos que se reúnen regularmente para hablar sobre su fe, plantear preguntas difíciles y rendirse cuentas mutuamente. Lo importante es que tengamos a alguien que esté presente en nuestra vida y que nos hable, mentoree, reprenda, corrija y anime.

Para tener una idea de las formas que puede tomar esto, vamos a reflexionar sobre tres relaciones diferentes de discipulado a lo largo de la Biblia. Estas deben servir como inspiración para nuestro discipulado y también para las formas en que pensamos proveerles un discipulado a nuestros jóvenes.

Jetro y Moisés

Una relación de discipulado única, que me inspira, es la relación entre Moisés y su suegro, Jetro. Moisés fue un gran líder que tuvo el tremendo mandato de guiar a la nación de Israel fuera de la esclavitud en Egipto hacia la tierra prometida, que Dios había dado a sus antepasados. Con la responsabilidad de guiar a los israelitas y servir como su intercesor ante Dios y resolver sus disputas, Moisés rápidamente se sintió abrumado por las necesidades de la gente. El suegro de Moisés se dio cuenta de esto y habló con él como su consejero. Desde su perspectiva externa, Jetro vio la situación de manera diferente y pudo darle consejos a Moisés. Jetro llamó a Moisés a su tarea principal, que era "ser el representante del pueblo ante Dios" (Éxodo 18:19). También le dio a Moisés un modelo diferente para dirigir y delegar las responsabilidades del liderazgo a otros.

Jetro solo se menciona dos veces antes de esta historia y no aparece en el texto bíblico después de ella. Sin embargo, le dio palabras de sabiduría a Moisés, lo que transformó la manera en que Moisés dirigió y ministró. Por lo que sabemos del texto, Jetro no discipuló a Moisés de manera continua, sin embargo, como su suegro, claramente había una relación de confianza que le permitió a Moisés recibir la corrección que Jetro compartió.

Como líder en la iglesia local y en el ministerio juvenil del distrito, he tenido que hablar sobre muchos temas y busco personas que me pidan cuentas, especialmente durante esos momentos de discernimiento o consejo. Sé que es importante tener a alguien a quien rendirle cuentas sobre mi caminar espiritual y mi liderazgo. Tiene que ser alguien en quien confíe y alguien que esté dispuesto a hablar honestamente conmigo cuando las cosas no salgan bien. Como autoridad espiritual en nuestras vidas, debemos considerar acercarnos a nuestros pastores para este tipo de discipulado y asesoramiento. Como padre espiritual, él o ella está en posición de orar con nosotros y al mismo tiempo desafiarnos conforme vayamos crecemos en nuestra relación con Dios.

Por lo tanto, pon atención. ¿A quién podría Dios estar usando para hablar en tu vida, incluso si es alguien a quien no ves regularmente? ¿Con qué persona podría pedirte Dios que hables y compartas una verdad que le ayude en su viaje espiritual?

Pablo y Bernabé

Cuando Pablo viajaba, plantando iglesias por todas partes y predicando las buenas nuevas de Jesús a los gentiles, se asociaba con otros líderes de la iglesia y ellos lo acompañaban. Uno de los socios clave del ministerio para Pablo fue Bernabé. En Hechos 11, leemos que Bernabé y Pablo comenzaron a ministrar juntos y en Hechos 13:2, los creyentes en Antioquía reciben instrucciones del Espíritu Santo: "Apártenme ahora a Bernabé y a Saulo para el trabajo al que los he llamado". La razón para elegir esta pareja no está explicada en el texto, pero a medida que se desarrolla la historia de la iglesia primitiva es evidente la necesidad de que estos dos líderes cuenten con el apoyo del otro.

Como líder en el ministerio al que Dios me ha llamado, he aprendido la importancia de tener un "Bernabé" en mi vida. Un "Bernabé" en este caso son nuestros colegas de ministerio que nos brindan apoyo. Estas son personas que podrían desempeñar un papel similar al tuyo, en tu ministerio o en una iglesia diferente, pero debe ser alguien cercano a ti, que entienda a lo que Dios te ha llamado y se apasione por lo que haces. Estos colegas estarán ahí para orar contigo, te desafiarán a convertirte en una mejor persona y te alentarán en tu camino para ser como Cristo.

El ministerio juvenil puede traer una serie de desafíos únicos y dificultades potenciales a lo largo de nuestro camino ministerial. Recorrer el camino del discipulado con un colega nos brinda el beneficio adicional de tener a alguien que comprenda esos desafíos únicos y que pueda pedirnos cuentas. Esa persona podrá preguntar sobre tu viaje espiritual y tu relación con Dios y no solo sobre tu ministerio y el trabajo que estás haciendo en la iglesia. Estará atento a las decisiones que estás tomando tanto dentro como fuera de la iglesia y hablará contigo si tiene algunas inquietudes.

Otra fortaleza de este tipo de relación de discipulado es que puedes brindar la misma clase de apoyo y rendición de cuentas a este colega del ministerio. Se animarán mutuamente y se levantarán mutuamente cuando uno caiga. Podrán aprender uno del otro, estudiar la Biblia juntos y exigirse el uno al otro para mantener su relación con Dios como una prioridad central en sus vidas.

Pablo y Timoteo

Cuando el Espíritu Santo se llevó a Pablo de las iglesias que él había plantado, Pablo se aseguró de tener líderes que llevaran a cabo el ministerio en cada uno de esos lugares. Otros de sus socios en el ministerio viajaban entre las iglesias llevando mensajes de un lado a otro y alentando a los creyentes. Timoteo fue una persona en particular en la que Pablo invirtió mucho tiempo en tutoría y discipulado. Timoteo era un hombre joven con mucha energía, a quien le apasionaba el ministerio. La primera vez que vemos a Timoteo es en Hechos, en sus frecuentes viajes con Pablo y Silas. Más adelante, en las cartas de Pablo a varias iglesias, menciona a Timoteo y vemos cómo lo considera un colaborador y un compañero de las buenas nuevas de Jesús. En los libros 1 y 2 de Timoteo, podemos leer el sabio consejo que Pablo le dio a este joven. El deseo de Pablo era tener líderes bien discipulados que pudieran continuar con el ministerio entre estos grupos de jóvenes creyentes.

El modelo de discipulado visto en Pablo y Timoteo refleja más de cerca lo que tradicionalmente imaginamos cuando pensamos en el discipulado. Al comenzar el libro sobre cómo involucrar a los jóvenes en el discipulado, he querido asegurarme de hacer una pausa y considerar nuestro propio discipulado y asegurarnos de que haya personas que nos alienten en nuestro caminar con Dios. Sin embargo, como cristianos, siempre tenemos una responsabilidad con los demás. Nuestro viaje de discipulado debe tener en mente al "Timoteo" en nuestras vidas. ¿En quién estás invirtiendo tu vida para que la siguiente generación pueda echar raíces profundas de fe?

Formas naturales de discipulado

Hay varias maneras en que podemos participar en la formación de discípulos en el contexto del ministerio. Lo que mejor me funciona en mi área de ministerio es tener pasos de crecimiento para permitir que alguien mire hacia atrás y vea el desarrollo y crecimiento de un nuevo creyente. Esto ayuda al discípulo y al que está discipulando a evaluar si hay,

> **El cambio de receptor a dador es un paso crucial para dar un espacio a un discípulo para que continúe con su crecimiento.**

o no, progreso en su camino de fe. Incluso con estos pasos, es importante recordar que el discipulado es un viaje y no una fórmula. El discipulado tiene que ver con construir una relación duradera y, por lo tanto, es un viaje que ambas partes deben estar dispuestas a recorrer juntas. Cuando ambas partes se comprometan a permanecer en este viaje, será una experiencia agradable.

El viaje del discipulado puede tomar muchas formas. Incluso puedes desarrollar un proceso propio, siempre y cuando dé frutos. Los pasos de "obsérvame", "hagámoslo juntos" y "hazlo y yo observo" son principios comunes para ayudar a las personas a aprender nuevas habilidades. Aquí es cómo utilizo estos tres pasos cuando participo en el discipulado en cualquier nivel. Estos tres pasos pueden servir como una buena manera de evaluar el progreso dentro de cualquier estrategia de discipulado.

Obsérvame

Como líder u obrero juvenil, es importante ser un ejemplo vivo para las personas a las que estás discipulando. Estos nuevos creyentes te están observando y eventualmente repetirán tu misma actitud y espíritu.

El discipulado debe comenzar permitiendo que el nuevo creyente vea cómo vives tu fe. La forma en que practiques las disciplinas espirituales será una experiencia de aprendizaje para los nuevos conversos y esos jóvenes cristianos. Como se indicó anteriormente, es difícil ofrecer lo que no se tiene o decirle a alguien que haga algo que sabemos muy bien que no podemos hacer. Por lo tanto, deja que los estudiantes y los jóvenes aprendan de ti por medio de tu estilo de vida.

Del mismo modo que un bebé pequeño observará e imitará lo que hacen los adultos a su alrededor para aprender, los jóvenes creyentes nos observan, y nuestras elecciones y acciones son importantes.

Hagámoslo juntos

El discipulado es un viaje que requiere la participación activa de ambas partes. Anima a tus jóvenes discípulos a comenzar a practicar las disciplinas espirituales. Deja que tus alumnos participen mientras caminan a tu lado en este viaje. Cuando lean la Biblia, pasa tiempo leyendo con ellos, enséñales a orar y participa con ellos cuando ayunen. Empieza lentamente y ayúdales a incorporar estas disciplinas en sus vidas, paso a paso. Independientemente de lo que estés haciendo, deja te acompañen aquellos a quienes estás discipulando, porque están aprendiendo a través de la experiencia práctica.

Para los nuevos creyentes, es importante respetar la novedad de su fe y comenzar con "pequeños pasos". A medida que crecen en su fe y continúan obteniendo confianza y fortaleza, puedes esperar más de ellos.

Hazlo y yo observo

Eventualmente, a medida que comienzas a ver a tu discípulo madurar en su fe y vivir más y más en lo que cree, puedes darle responsabilidades como dirigir devocionales en grupos pequeños, dirigir la oración, participar en evangelismo y asumir otras responsabilidades ministeriales. Invitarlos a dirigir no es solo una tarea de desarrollo de liderazgo, sino también una que moldea discípulos. El cambio de receptor a dador es un paso crucial para dar un espacio a un discípulo para que continúe con su crecimiento.

Estas nuevas responsabilidades ocurrirán bajo tu supervisión, de modo que estés ahí para ofrecer corrección cuando sea necesario y al mismo tiempo afirmar lo que hagan bien.

Síndrome del hermano mayor

Advertencia. En el discipulado existe el peligro del síndrome del hermano mayor. Esto viene de la historia del hijo pródigo. Después de que el hijo menor se fuera a una tierra lejana y despilfarrara toda su herencia, volvió a sus cabales y regresó a casa con la esperanza de ser aceptado como sirviente en la casa de su padre. Su padre, en cambio, lo recibió con los brazos abiertos y organizó una gran celebración para ratificar el lugar de su hijo menor dentro de la familia.

Cuando el hermano mayor llegó a casa y escuchó la celebración, se enojó con el padre y se quejó porque su padre celebraba el regreso de este hijo "ingrato". Se quejó en lugar de celebrar. Se enojó en lugar de darle la bienvenida a la familia al hermano perdido. Sentía que merecía la atención por quedarse en casa y permanecer leal a su padre a diferencia de su hermano menor.

El "síndrome del hermano mayor" no es algo de lo que nos guste hablar o creer que existe en la iglesia. Sin embargo, esta parábola nos recuerda que hay quienes han sido cristianos por algún tiempo y pueden ser poco acogedores cuando un nuevo creyente ingresa a la comunidad de fe. Muy pocos realmente dirían esto, pero estos "hermanos mayores" se vuelven muy críticos con los "hermanos menores" y, a veces, los tratan con recelo.

Cuando se ignora este comportamiento, los nuevos creyentes sienten que no son queridos y si nadie está ahí para caminar con ellos en su nueva fe, incluso podrían regresar a la vida que tenían antes de conocer a Cristo.

Necesitamos preparar a nuestros jóvenes para saber cómo recibir bien a los nuevos creyentes. Podemos discipularlos modelando formas de dar la bienvenida y atraer a nuevas personas al grupo. En lugar de ver a estos nuevos creyentes como personas de las cuales sospechar o a quienes rechazar debido a su vida anterior, esta es una oportunidad de discipulado para aquellos de nuestros jóvenes que han avanzado más en su caminar espiritual. Podemos replantearles el papel de un buen hermano o hermana mayor.

Los nuevos creyentes necesitan testimonios vivientes y fieles que les puedan servir de ejemplo al caminar en el viaje del discipulado.

Si usamos bien la idea del hermano o hermana mayor, los jóvenes cristianos se rodearán de creyentes amorosos y atentos a los que podrán admirar y se sentirán alentados para continuar su camino de fe. Sin embargo, siempre que hagamos un mal uso de esta oportunidad, es probable que causemos importantes daños a la fe de estos jóvenes creyentes y, en última instancia, también a la Iglesia.

¿Por dónde empezamos?

Al inicio de Hechos, a los discípulos se les dijo que fueran a Jerusalén y esperaran allí el don prometido del Espíritu Santo. El poder del Espíritu Santo iba a permitirles ser testigos de Dios en "Jerusalén como en toda Judea y Samaria, y hasta los confines de la tierra" (Hechos 1:8). Este fue el mandato que Jesús dio a sus discípulos y podemos aprender algunas lecciones sobre dónde debemos comenzar.

Primero, los discípulos obedecieron la instrucción de esperar en un lugar determinado para recibir el Espíritu Santo. Para ser un discípulo y discipulador eficaz debemos tener un espíritu de obediencia por el cual nos volvamos sensibles a la voz de Dios y vivamos listos para seguir sus instrucciones. Cada uno de nosotros ha sido instruido para hacer discípulos de todas las naciones y para hacer eso debemos estar dispuestos a obedecer las instrucciones de Dios. Es a través de nuestra obediencia que Dios puede usarnos para impactar grandemente nuestro mundo para el Reino de Dios.

En segundo lugar, los discípulos estaban unidos en un propósito. Obedecieron y se unieron en el propósito de la misión de Dios. Debían compartir la misión de llevar el Evangelio a todas las partes conocidas del mundo y estaban unidos en su deseo de lograr lo que tenían por delante. Como creyentes hoy, cuando nos proponemos hacer discipulado, debemos estar unidos en este mismo propósito. Esto significa ser intencionales acerca de cómo hacemos el discipulado y tener la voluntad de discipular a quien Dios nos envíe.

El tercer aspecto de esto es simplemente el testimonio de los discípulos. Después de que el Espíritu Santo viniera sobre ellos, no se quedaron con el mensaje. Salieron a compartir las buenas nuevas de Jesús y el poder de Su resurrección. Como creyentes hemos sido llamados a ser testigos. Somos testigos de primera mano de lo que Dios está haciendo y ha hecho en nuestras vidas. El mundo necesita desesperadamente testimonios vivientes y fieles que puedan testificar del poder transformador de Jesús en una vida rendida a Él. Así mismo, los nuevos creyentes necesitan testimonios vivientes y fieles que les puedan servir de ejemplo al caminar en el viaje del discipulado.

Sobre todo, no podemos hacer discipulado con nuestras fuerzas. El Espíritu Santo es nuestro guía y el Espíritu Santo es quien nos permite ser discípulos fieles y auténticos. Pídele a Dios que te llene con el Espíritu Santo para que puedas crecer en tu caminar y ser un guía fiel para la siguiente generación de creyentes. El discipulado es un viaje emocionante. Asegurémonos de atraer a otros.

CAPÍTULO 3

Discipulado: Ser formado con las disciplinas espirituales

Milton Gay

Milton Gay es el coordinador regional de JNI en Mesoamérica y sirve como misionero en Guatemala. El ministerio juvenil le entusiasma porque hay una nueva generación con pasión por el Señor y Su obra. El discipulado es importante para Milton porque transforma las vidas de los jóvenes y los convierte en discípulos de Cristo.

Disciplina no es una palabra popular. En general, a la mayoría de nosotros nos gusta hacer lo que queramos cada vez que tengamos ganas de hacerlo y nuestros jóvenes son como nosotros. Sin embargo, si somos honestos con nosotros mismos, reconoceremos la rapidez con que puede desaparecer el glamour de la autoindulgencia y las consecuencias negativas pueden comenzar a acumularse. La vida requiere disciplina y nuestra vida espiritual también. En su primera carta a los Corintios, Pablo les recuerda la necesidad de la autodisciplina. "¿No saben que en una carrera todos los corredores compiten, pero solo uno obtiene el premio? Corran, pues, de tal modo que lo obtengan. Todos los deportistas se entrenan con mucha disciplina. Ellos lo hacen para obtener un premio que se echa a perder; nosotros, en cambio, por uno que dura para siempre. Así que yo no corro como quien no tiene meta; no lucho como quien da golpes al aire. Más bien, golpeo mi cuerpo y lo domino, no sea que, después de haber predicado a otros, yo mismo quede descalificado" (1 Corintios 9:24-27).

Al considerar las formas en que buscamos discipular a nuestros jóvenes, debemos ser honestos con nosotros mismos y preguntarnos si nuestras estrategias de discipulado están fomentando el "formalismo rígido" o el "romanticismo sentimental" o si realmente estamos ayudando a que la semilla de fe plantada en nuestra juventud eche raíces profundas.

La vida cristiana requiere un esfuerzo intencional para vivir correctamente y crecer como discípulo de Jesucristo. Las Escrituras a menudo usan palabras como entrenamiento, resistencia y disciplina para comunicar este aspecto clave de nuestra fe. Según Henri Nouwen, en su libro *Spiritual Formation* [*Formación espiritual*], "El discipulado, sin embargo, exige disciplina. De hecho, el discipulado y la disciplina comparten la misma raíz lingüística (de *discere*, que significa "aprender de") y los dos nunca deben estar separados. Mientras que la disciplina sin discipulado conduce a un formalismo rígido, el discipulado sin disciplina termina en un romanticismo sentimental".[1] Al considerar las formas en que buscamos discipular a nuestros jóvenes, debemos ser honestos con nosotros mismos y preguntarnos si nuestras estrategias de discipulado están fomentando el "formalismo rígido" o el "romanticismo sentimental" o si realmente estamos ayudando a que la semilla de fe plantada en nuestra juventud eche raíces profundas.

En este capítulo, vamos a discutir el discipulado por medio de la participación en las disciplinas espirituales. Las disciplinas espirituales que vamos a discutir en este capítulo son la lectura de la Biblia, la oración, la adoración, el ayuno, el silencio, la simplicidad, el servicio y el diario espiritual. Primero, exploraremos por qué los jóvenes necesitan practicar estas disciplinas espirituales, luego revisaremos cuál es nuestro papel como discipuladores en este proceso y finalmente terminaremos con algunas sugerencias prácticas sobre cómo incorporar estas disciplinas a nuestros ministerios juveniles.

Las disciplinas espirituales y la juventud

> **Las disciplinas espirituales proporcionan un llamado fiel a ser las personas que Dios creó y permiten que su carácter sea formado por Dios.**

En su libro, *Celebration of Discipline* [*Alabanza a la disciplina*], Richard Foster dice que las disciplinas espirituales son "la manera de sembrar para el Espíritu. Las disciplinas constituyen el método de Dios para colocarnos en la tierra; nos ponen en el sitio donde Él puede obrar dentro de nosotros y transformarnos".[2] Son ejercicios o prácticas que aumentan nuestro crecimiento espiritual y nos permiten crecer en madurez y semejanza a Cristo. El discipulado es el proceso por el cual aprendemos acerca de la vida cristiana hasta que somos hechos a la semejanza de Cristo. La necesidad de este nivel de apertura a la obra de Dios en nuestras vidas no es menos necesaria para los jóvenes. En cierto modo, es aún más significativo porque si los jóvenes adoptan estas disciplinas en su juventud, es más probable que se conviertan en componentes centrales de su fe en la edad adulta y después de ella. Veamos cinco razones por las cuales los jóvenes deben practicar intencionalmente las disciplinas espirituales.

Para vivir libre del pecado y disfrutar de una vida de santidad

La única manera de ser libre del pecado y vivir una vida de santidad es pedirle a Jesús que sea nuestro Salvador y hacer un espacio para que Cristo se forme en nosotros a través del discipulado. Las disciplinas espirituales nos llaman a participar en prácticas contra-culturales con el fin de hacer espacio para que dicha formación tenga lugar. Para los jóvenes que son arrastrados en tantas direcciones, estas disciplinas los fundamentan en Cristo y los mantienen orientados en las cosas de Dios.

Para conectarte con Dios

Como con cualquier relación, nuestra relación con Dios necesita tiempos regulares y con un enfoque para la conexión. Esos momentos deben incluir el compartir honestamente y escuchar atentamente. La vida espiritual se construye a través de prácticas diarias y nos mantiene conectados con nuestra fuente inagotable de poder y amor. Muchos jóvenes luchan por sentirse conocidos y amados tal y como son. Aprender a escuchar a Dios y recibir el amor incondicional de Dios es una conexión transformadora y vivificante en sus vidas.

Para conocer la paz que viene con una relación restaurada

El pecado rompe todas las relaciones, pero la gracia y el poder de Cristo nos reconectan con el amor, la paz y la esperanza. Para los jóvenes, tener amistades y un sentido de pertenencia es de vital importancia. A medida que los jóvenes aprendan lo que significa estar en una relación correcta con Dios, también serán personas más saludables en sus relaciones con los demás.

Para formar el carácter

Dios moldea y transforma nuestras vidas y nuestro carácter por medio de las disciplinas espirituales. Romanos 12:2 nos llama a no amoldarnos al mundo actual o una vida mediocre, sino a ser transformados por Dios. Los jóvenes se están abriendo camino en la difícil tarea de descubrir quiénes son. Se prueban identidades y actitudes como si fuera ropa. Las disciplinas espirituales proporcionan un llamado fiel a ser las personas que Dios creó y permiten que su carácter sea formado por Dios.

Para ser formado como líder

Un líder espiritual fiel es alguien que busca a Dios y depende de Dios y de su gracia en lugar de su propio carisma y talento. A medida que los jóvenes sean invitados al liderazgo, debe haber rendición de cuentas con respecto a sus compromisos con las diversas disciplinas espirituales. Queremos que nuestros jóvenes sean líderes que tengan relaciones profundas con Jesús, que sirvan y adoren con el pueblo de Dios, que oren continuamente y que lleven una vida de integridad ante Dios y los demás.

El discipulado como mentoría espiritual

A medida que nos preparamos para ayudar a nuestros jóvenes a empezar o practicar más fielmente las disciplinas espirituales, debemos ser muy conscientes de nuestro propio papel como "mentores espirituales". Como discipuladores de los jóvenes, debemos estar dispuestos a ofrecer todo nuestro conocimiento y experiencia para servirles a ellos, para apoyar su formación y crecimiento espiritual. Aquí hay tres recordatorios de nuestro rol en este viaje.

Acércate a su realidad

Nos enfrentamos al fenómeno tecnológico más grande de la historia, ya que los teléfonos celulares, las tabletas y las computadoras ya no son solo accesorios para que los jóvenes los lleven, sino que se han convertido en una extensión de sus cuerpos. La exposición y el uso excesivos de los medios de comunicación e Internet han cambiado la capacidad de atención de los jóvenes de todo el mundo porque ahora todo es accesible con solo un clic. Nuestros jóvenes están expuestos, a una edad muy temprana, a un pecado que altera la vida. Además, muchos han perdido interés en los asuntos de la fe y han renunciado a cualquier creencia en Dios.

Como creyentes que buscamos discipular a la siguiente generación, ¿qué debemos hacer? Debemos estar en contacto con su realidad. Necesitamos hablar con ellos y escuchar sus luchas, temores y tentaciones. Durante estas conversaciones, debemos hablar lo menos posible. Escucha, escucha y escucha. Además, incluso cuando dejamos de hablar, debemos asegurarnos de estar modelando la vida de un discípulo de Jesucristo.

Camina con ellos

Cuando trabajamos para discipular a los jóvenes, debemos estar preparados para invertir nuestras vidas en ellos y ofrecer nuestra ayuda al caminar con ellos. No es fácil. Nuestra responsabilidad al discipular a los jóvenes es acompañarlos a lo largo de sus viajes espirituales, desde la incredulidad hasta la fe madura. Estos viajes espirituales tendrán muchas altas y bajas. Quizás lo más importante que debemos recordar, especialmente durante los momentos bajos, es nuestro llamado a brindarles a nuestros jóvenes un ejemplo de la vida real, cara a cara, del amor incondicional de Cristo.

Confía que Dios los transformará

Es fundamental. Nosotros no tenemos el poder de cambiar la vida de nadie. Los escuchamos, caminamos con ellos, pero solo Dios puede transformarlos. Nuestra crítica o molestia probablemente hará más daño que bien. Ora regularmente por tus jóvenes y confíaselos a Dios. Ora para que Dios te dé las palabras correctas que decir en el momento adecuado, pero ora para que el Espíritu Santo esté obrando en sus corazones y vidas.

No son un fin en sí mismas, sino un medio para ayudarnos a encontrar a Cristo y vivir en la gracia de Dios, en medio de una sociedad superficial e indiferente a Dios.

Como líderes, debemos hacer nuestra parte para preparar "la tierra" donde Dios quiere trabajar en la vida de nuestros jóvenes. Esto incluye tener actividades con las que se puedan relacionar y que las encuentren significativas para ayudarlos a conectarse con el trabajo de la iglesia. También significa que los desafiamos a practicar las disciplinas espirituales para crecer y transformarse.

Finalmente, quiero terminar esta sección con una historia. Hace ocho años, conocí a un joven cuya apariencia no parecía prometedora. No pensé que se fuera a convertir en un buen líder porque no veía ninguna cualidad innata en él. De hecho, la forma en que vivía no era lo que llamaríamos "cristiana", lo que fue confirmado por su conducta. Con el tiempo, al trabajar con él por medio de las disciplinas espirituales que se practicaban y modelaban como parte del certificado en Ministerio Juvenil que tenemos en la región Mesoamérica, su vida cambió. Dios transformó completamente su vida, y comenzó a servir como líder juvenil en su iglesia local y luego en su distrito. Hoy es el pastor principal de una de las iglesias con más jóvenes y miembros en su distrito. Hoy guía a los adolescentes y jóvenes por medio de los medios de gracia, bendiciendo a otros al compartir su fe y las otras prácticas espirituales.

Estas disciplinas espirituales son esenciales si queremos que nuestros jóvenes tomen en serio el llamado a ser discípulos de Cristo. Exploremos cómo Dios puede usarnos para guiar a los jóvenes a experimentar la gracia de Dios por medio de estas prácticas.

Practicar las disciplinas espirituales

Las disciplinas espirituales también son conocidas como medios de gracia. Practicarlas nos mantiene conectados con nuestro Creador. No son un fin en sí mismas, sino un medio para ayudarnos a encontrar a Cristo y vivir en la gracia de Dios, en medio de una sociedad superficial e indisciplinada que es indiferente a Dios. Para Juan Wesley y los metodistas, las disciplinas espirituales eran esenciales. Oraban constantemente y disfrutaban de una vida ordenada y disciplinada de santidad que les dio una identidad y dejó una herencia histórica para aquellos de nosotros que seguimos sus tradiciones y creencias. En uno de sus sermones, Juan Wesley habló de los medios de gracia de esta manera: "Por 'medios de gracia', según entiendo, son las señales exteriores, palabras o acciones instituidas por Dios, para ser las vías ordinarias por medio de las cuales puede comunicar a los hombres la gracia que previene, justifica o santifica".[3]

Al discutir las diversas disciplinas espirituales, piensa cómo podrías incorporar estas prácticas a tus reuniones de jóvenes, cómo podrías incorporarlas a tu vida y cómo podrías pedirles a sus jóvenes que hicieran lo mismo. Cada sección terminará con algunas ideas para poner esa disciplina en práctica. Te animo a elegir varios ejemplos y hacer planes para ayudar a tus jóvenes a desarrollar estas disciplinas.

Leer la Palabra

En su carta pastoral a Timoteo, el apóstol Pablo (quien fue el mentor y discipulador de Timoteo) escribió para aconsejarle que debería valorar la lectura de las Escrituras, porque "Toda la Escritura es inspirada por Dios y útil para enseñar, para reprender, para corregir y para instruir en la justicia, a fin de que el siervo de Dios esté enteramente capacitado para toda buena obra" (2 Timoteo 3:16-17).

Si bien usamos la Biblia con regularidad en nuestras reuniones de jóvenes y en las clases de la Escuela Dominical, debemos ser intencionales para ayudar a nuestros jóvenes a comprender toda la historia de Dios y la manera en que Él obra en nuestro mundo. Necesitamos preguntarnos si los jóvenes están creciendo y dejando nuestro ministerio juvenil solo con un entendimiento de las "diez mejores" historias bíblicas, pero sin saber cómo toda la Biblia se integra en la historia principal del amor de Dios por la creación. Conocer toda la historia permite a los jóvenes ver la Biblia como algo más que un simple libro de reglas o una colección de historias cortas.

Reconocer cómo Dios había estado trabajando en el mundo antes nos enseña a buscar cómo Dios está trabajando en el mundo hoy y cómo nos llama a acompañarle.

Por lo tanto, debemos ayudar a los jóvenes a aprender cómo leer la Biblia y ayudarlos a entender la idea de que ésta es una disciplina. Permitir que la Palabra de Dios nos moldee requiere algo más que leer rápidamente un par de versículos antes de salir corriendo por la puerta. Provee de tiempos para que tus jóvenes practiquen la interacción con las Escrituras de estas cuatro formas:

1. **Leerla.** Pídeles que se tranquilicen y se preparen para leer la Biblia. Invítalos a empezar orando a Dios y pedir sabiduría para comprender lo que están a punto de leer y cómo aplicarlo a sus vidas.

2. **Meditarla.** Haz que tus jóvenes dediquen tiempo a reflexionar, pensar y encontrar el propósito del pasaje que han leído. Las Escrituras deben ser recibidas, meditadas y atesoradas en el corazón para que puedan encarnarse y penetrar en las partes más profundas de nuestro ser.

3. **Practicarla.** Pídeles que exploren las formas en que Dios pudiera pedirles que vivan las lecciones de este pasaje. Desafíalos a planificar las acciones que deberán tomar para ser obedientes a Dios en lo que respecta a este pasaje.

4. **Compartirla.** Esta podría ser la más aterradora para los jóvenes, pero una vez que comencemos a vivir las Escrituras, estaremos listos para compartir las Buenas Nuevas con los demás. Haz un espacio para que tus jóvenes presenten un devocional corto, den una clase de escuela dominical o dirijan un estudio bíblico. Compartir lo que han aprendido servirá para profundizar esa verdad en sus corazones.

Puesta en práctica:

- Forma grupos pequeños para que se reúnan durante la semana y lean en grupo.
- Alienta a los jóvenes a usar las aplicaciones disponibles para mantenerse en contacto diario con la Palabra de Dios.
- Agrega un tiempo para trabajar en un diario espiritual durante las reuniones de jóvenes, en el que los jóvenes puedan escribir sobre lo que están escuchando en el texto de las Escrituras esa semana.

La oración

La oración es sencillamente una conversación con Dios. Para Juan Wesley, la oración era un medio de gracia porque creía que Dios se hacía presente en la oración, ya que en la oración nos presentamos ante Dios e irrumpimos en lo sobrenatural. Dios nos escucha y está entre nosotros. En *The Upward Call*, leemos: "[La oración] es una relación continua, un diálogo continuo con el Padre Celestial. La oración a este nivel llega a ser tan natural y básica como la respiración".[4]

Sin embargo, muchos jóvenes (y también adultos) tienen luchas con la oración privada y colectiva. Es importante no descartar sus temores y luchas, sino ser abiertos con los jóvenes sobre nuestras propias luchas y ayudarles a crecer en esta área de su vida cristiana. Queremos que lleguen a ver cómo la oración es una parte vital de la vida cristiana. Es mediante la oración que encontramos a nuestro Señor, a quien amamos y en quien confiamos. La oración es cambio, transformación, liberación, sanidad, santidad y esperanza.

En tus reuniones de jóvenes, invita a los jóvenes a dirigir los momentos de oración, pero pregúntales con anticipación y si tienen alguna inquietud, habla con ellos al respecto. Hazles saber que está bien escribir sus oraciones. Haz un espacio para que tu juventud ore en silencio. Ten momentos en que eleven oraciones de intercesión. Asegúrate de que tus reuniones de jóvenes sean espacios seguros para que ellos practiquen la oración.

Puesta en práctica:

- Enseña a los jóvenes que hay diferentes maneras de comunicarse con Dios. Para algunos es fácil orar de forma espontánea y elocuente, mientras que otros pueden expresarse mejor escribiendo sus oraciones.
- Ve a lugares donde se publiquen las necesidades de oración personal y comunitaria.
- Anímalos a unirse en oración en un momento específico, sin importar dónde se encuentren, para fortalecer su sentido de pertenencia.
- Enséñales a dar testimonio público cuando reciban una respuesta de Dios a sus oraciones.

La adoración

En la adoración recibimos la gracia y la esperanza de Dios de estar en comunión con otros creyentes, unidos en adoración a Dios con nuestros

corazones, almas y cuerpos. En la adoración nos regocijamos y partici-
pamos de los cantos de alabanza que ofrecemos a Dios, las ofrendas que
presentamos, la predicación de la Palabra, la Santa Cena, los tiempos de
comunión, las oraciones y las confesiones que hacemos. Cuando pensamos en la adoración a Dios, debemos asegurarnos de pensar en algo más
que solo el momento de cantar.

Tal vez la dificultad más común contra la cual debemos ayudar a nuestros
jóvenes a protegerse es el peligro de entrar a la adoración a la ligera. La adoración no es un acto o espectáculo. No nos acercamos a la adoración como
simples espectadores, sin mostrar gratitud, participar o adorar de verdad.
A veces simplemente damos por hecho que si nuestros jóvenes están can-
tando, están adorando. Sin embargo, el discipulado a través de la disciplina
espiritual de la adoración, significa que no solo estamos practicando la
adoración con nuestros jóvenes, sino que también estamos enseñándola.

Al prepararnos para la adoración, debemos considerar cómo podemos ayudar a nuestros jóvenes a participar de manera significativa en ella. También
necesitamos ayudarlos a ver su vida entera como una adoración a Dios. La
adoración va más allá del tiempo de canto colectivo durante un servicio en
la iglesia. Nuestras vidas deben ser vividas como un acto de adoración a
Dios.

Puesta en práctica:

- Involucra a los jóvenes en la liturgia del servicio de adoración.
- Enséñales y desafíalos a predicar, enseñar, dar ofrendas y adorar a
  través de los cantos.
- Date un tiempo para que se preparen juntos para la adoración antes
  del servicio.
- Reta regularmente a tus jóvenes a ver sus vidas completas como actos
  de adoración a Dios.

El ayuno

El ayuno implica negarnos a nosotros mismos para acercarnos más a Dios
y crecer en su gracia. Ayunar es aprender a depender de Dios más que la
comida y mantenernos enfocados en nuestra relación con Dios por encima
de todo lo demás.

Si bien podemos ayunar juntos en la iglesia o en un tiempo de retiro con nuestros jóvenes, nunca se debe forzar y las necesidades físicas de los jóvenes deben respetarse. Tampoco debe hacerse con el fin de manipular a los jóvenes o la voluntad de Dios. Cuando se hace de manera apropiada, estos tiempos pueden abrir oportunidades únicas para que Dios toque las vidas de nuestros jóvenes.

El ayuno puede ir más allá de la comida. En medio de un mundo ruidoso y superficial, anima a tus jóvenes a establecer horarios para abstenerse del uso excesivo de la tecnología y las redes sociales. Estas cosas a menudo nos apartan de la comunión con Dios. Muchos jóvenes dedican horas al día a comunicarse con sus amigos, pero descuidan su comunicación y relación con el Señor.

Puesta en práctica:

- Organiza un ayuno grupal para que se ofrezcan como un sacrificio vivo y santo.
- Enseña a los jóvenes el significado correcto de la disciplina del ayuno.
- Elige algunas actividades en las que se abstengan de usar las redes sociales como grupo para dedicar su tiempo a la adoración y la oración a Dios.

El silencio

El silencio es abstenerse de interactuar con los demás y estar quietos para que podamos escuchar a Dios y encontrar su voluntad para nuestras vidas. Como mencionamos en la sección anterior, vivimos en un mundo ruidoso. La disciplina del silencio nos llama a buscar un lugar donde puedas experimentar la soledad y el silencio sin ninguna de esas distracciones y enfocarte completamente en estar con Dios y buscarlo.

Seamos honestos, esta disciplina será extraña, incómoda e incluso aterradora para algunos de nuestros jóvenes. Sin embargo, cuando estamos solos en la presencia de Dios meditando en las Escrituras, el silencio comienza no solo a hablarnos, sino a echar raíces en nuestra vida, acercándonos al Padre de una manera maravillosa y construyendo una morada para Él en nosotros.

Tuve la experiencia de tener mi primer retiro de silencio hace unos años. Al principio, fue lo más tedioso y aburrido, porque soy una persona colérica y sanguínea que se recarga cuando está hablando. Encerrarme en un dormitorio fue muy frustrante al principio, pero después de treinta minutos comencé a experimentar algo extraordinario que cambió mi vida, y ahora practico la disciplina del silencio con regularidad.

Puesta en práctica:

- Organiza un retiro espiritual donde puedas combinar varias disciplinas espirituales para practicar con tu ministerio juvenil.
- Dale a los jóvenes la oportunidad de disfrutar del silencio en la presencia de Dios.
- Anímalos a tener retiros personales para la renovación espiritual.
- Reúne a tu equipo de liderazgo al menos una vez al año para celebrar un retiro espiritual y buscar a Dios.

La sencillez

En su libro *Celebration of Discipline* [*Alabanza a la disciplina*], Richard Foster dice: "La sencillez nos libra a fin de que recibamos la provisión de Dios como un don que tenemos que cuidarlo y para poderlo compartir libremente con otros".[5] Tenemos que ayudar a los jóvenes a comprender la disciplina de administrar lo que Dios ha provisto sin opulencia ni legalismo, aprendiendo simplemente a buscar el reino de Dios y su justicia, y confiando en que todo lo demás será añadido.

Vivir simplemente significa contentarse cuando tenemos poco o cuando tenemos más de lo que necesitamos. La sencillez nos llama a vivir buscando oportunidades para compartir nuestras posesiones, nuestro tiempo y nuestras habilidades con los demás. Solo podemos vivir de esta manera cuando reconocemos que todo lo que tenemos proviene de Dios y somos sostenidos por Dios y no por nuestro propio esfuerzo.

Es especialmente fácil para los jóvenes encontrar su identidad en las posesiones y depender de la tecnología, la moda u otros elementos materiales para expresar quiénes son. Esta disciplina también nos llama a encontrar la plenitud de nuestra identidad solo en Cristo.

Puesta en práctica:

- Organiza reuniones de jóvenes con un enfoque en la sencillez.

- Genera oportunidades para que los jóvenes compartan lo que tienen con los demás.
- Como líder juvenil, sé modelo de humildad y sencillez.

El servicio

Cuando entregamos nuestras vidas a Dios, comenzamos a pasar de ser egocéntricos a pensar primero en los demás. Amar a Dios significa que debemos mostrar amor a nuestros vecinos y solo así podemos hacer una diferencia en nuestras iglesias, comunidades, escuelas, universidades y hogares. Dios nos ha dotado de dones para que podamos servir a los demás y compartir Su gracia.

Cuando servimos a los necesitados, estamos cumpliendo el propósito por el cual Dios le permitió a Phineas F. Bresee fundar la Iglesia del Nazareno: ministrar a los pobres y necesitados. Las primeras iglesias de la denominación fueron un testimonio vivo de este propósito. Del mismo modo, para Juan Wesley, la santidad era social. Es decir, no podemos vivir la santidad en privado o solo dentro de la iglesia. Debemos salir y expresarlo a través del servicio a los demás.

Al discipular a los jóvenes, debemos desafiarlos a buscar diariamente oportunidades para servir, ya que no es una práctica reservada para los días de servicios organizados. Esos son importantes, pero el servicio es un estilo de vida donde aprendemos a dar sin esperar nada a cambio, sirviendo con alegría en nuestros corazones.

Puesta en práctica:

- Motiva a tus jóvenes a ayudar a sus padres y hermanos en el hogar.
- Guíalos a visitar, orar y hacer obras de misericordia en los asilos de ancianos, los orfanatos y los hospitales.
- Involúcralos en el servicio de la iglesia local en los diferentes ministerios.

El diario espiritual

Escribir en un diario no es nada nuevo y es posible que algunos de tus jóvenes ya tengan una práctica similar. Juan Wesley llevó un diario y alentó a sus discípulos a que también lo hicieran para mantener un registro de sus encuentros con Dios. Escribir en un diario es una forma poderosa de ayudarte a ver tu crecimiento en Cristo. Es algo sencillo, pero con un gran significado porque a través de él puedes encontrarte con el Señor. Puedes empezar tomando notas en tu teléfono inteligente, dedicando tiempo diariamente para escribir sobre las bendiciones de Dios y las historias de tu vida.

El registro en el diario espiritual puede brindar la oportunidad de una reflexión y respuesta enfocadas, para aquellos que no se sienten cómodos hablando en voz alta en un ambiente grupal. Intenta incorporar tiempos de registro en el diario durante una lección bíblica o una reunión de jóvenes para permitir que tus jóvenes registren lo que están aprendiendo y lo que Dios les está diciendo.

Puesta en práctica:

- Desafía a tus jóvenes a llevar un diario personal en el que detallen sus experiencias diarias.
- Desarrolla una guía con versos y pensamientos de reflexión para dirigir y ayudar a los jóvenes a escribir sus experiencias.

Viaja con tus jóvenes

Muchos escritores están de acuerdo en que el discipulado con las disciplinas espirituales es un viaje de formación espiritual. Sin embargo, al emprender esta maravillosa aventura necesitamos tener compañeros para el viaje; compañeros que nos ayudarán y a quienes podemos ayudar. No podemos simplemente desafiar a nuestros jóvenes para que adopten estas disciplinas, también debemos vivirlas nosotros.

Por sí mismas, las disciplinas no son el elemento más importante del viaje, porque son solo un medio por el cual fluye la gracia de Dios. El elemento más importante en este viaje es Dios. Dios es la razón por la que practicamos estas disciplinas, las encarnamos y las enseñamos a las nuevas generaciones de jóvenes. Si decides emprender este viaje, tú y tus jóvenes terminarán como hijos de Dios libres, fieles y dispuestos, que están preparados para toda buena obra.

CAPÍTULO 4

Discipulado en grupos: Descubrir las ventajas de las comunidades formativas

Nabil Habiby

Nabil Habiby es líder de jóvenes y sirve en Beirut, Líbano. El ministerio juvenil le entusiasma porque puede ver a los jóvenes al inicio de un largo viaje de descubrimiento y compromiso con Dios. Nabil cree que el discipulado es importante porque sin él, todos nuestros programas, charlas, juegos y campamentos son casi inútiles.

"Después, Jesús invitó a algunos de sus seguidores para que subieran con él a un cerro. Cuando ya todos estaban juntos, eligió a doce de ellos para que lo acompañaran siempre y para enviarlos a anunciar las buenas noticias. A esos doce los llamó apóstoles". (Marcos 3:13-14, TLA)

Definir nuestros términos y trazar el camino

¿Qué entendemos por "grupo de discipulado"?

En este capítulo discutiremos cómo discipular a los jóvenes en grupos. Antes de eso, es importante definir el término "grupo de discipulado". Primero, siempre que usemos el término "grupo de discipulado" estaremos hablando de un número determinado de personas. Este número, como veremos, puede ser pequeño o grande, pero es un número estable. En segundo lugar, un grupo de discipulado es un número fijo de personas que se reúne regularmente. Puede reunirse una vez cada tres días o cada tres meses, pero sus reuniones son regulares. Finalmente, un grupo de discipulado en este capítulo es un número fijo de personas que se reúne regularmente y en el mismo lugar o área geográfica. Pero no tiene que ser en el mismo espacio. Podría reunirse una vez en la iglesia, otra vez en un café y una tercera vez en la casa de alguien. Sin embargo, siguen estando en la misma área. Por lo tanto, siempre que hablemos de discipulado en grupos en este capítulo, estaremos hablando de un número determinado de personas que se reúne regularmente en el mismo lugar.

¿Por qué formar grupos?

¿Por qué son importantes los grupos, pequeños o grandes? En primer lugar, Jesús mismo formó un grupo de doce discípulos. Probablemente experimentó diferentes grados de intimidad con cada miembro, pero en total el grupo era de doce. En segundo lugar, nuestra propia naturaleza humana busca la comunión; un profundo sentido de estar en comunión con los demás. Tercero, el aprendizaje, un aspecto importante del discipulado, ocurre de manera innovadora en los grupos. Finalmente, nuestra fe cristiana es en esencia, una relación de amor con un Dios Trino — un Dios que es una relación amorosa de tres personas — y entre nosotros. El discipulado en grupos nos da la oportunidad de aprender y vivir nuestra fe cristiana de manera práctica y creativa.

¿A dónde iremos ahora?

¿Cómo debemos entonces explorar el discipulado en grupos? Nos guiaremos por el tamaño del grupo. Por lo tanto, la primera parte discutirá grupos de dos, la segunda parte discutirá grupos pequeños y la tercera parte discutirá la iglesia entera como un solo grupo. Cada sección incluirá instrucciones sobre cómo formar un grupo de este tipo, consejos sobre cómo puede trabajarse el discipulado, advertencias sobre los peligros potenciales, una lista de las ventajas de cierto tamaño del grupo y algunas preguntas para reflexionar al final. Las siguientes palabras provienen de diez años de experiencia personal en la iglesia, en ONG (organizaciones no gubernamentales) y el ministerio escolar entre los jóvenes. Le pido a Dios que mis humildes sugerencias sean un catalizador para un mayor interés y compromiso en el discipulado. Pero basta de presentaciones, ¡vayamos al grano!

Parte 1: La preciada amistad — grupos de dos

¿Cómo se forman?

Empezamos con el grupo básico, dos personas. ¿Cómo se forma este grupo? El primer pensamiento que me viene a la mente es, "¿cómo podré elegir con quién tener una amistad cercana?" Puedes tener 10 o 100 asistentes en tu grupo de jóvenes, pero será casi imposible formar un grupo de discipulado uno a uno con todos y cada uno de ellos. Aquí hay dos consejos que te ayudarán a elegir.

Primero, deja que las cosas fluyan naturalmente. A veces las circunstancias (¿tal vez la mano de Dios?) impulsan a algunos jóvenes hacia ti. Tal vez sea a los jóvenes a quienes tienes que llevar a casa por 30 minutos después de cada reunión. O tal vez es el adolescente, que es tu vecino. Tal vez sea la chica joven que ves todas las semanas en el centro comercial.

Cualquiera que sea el caso, mantén un corazón abierto (y un horario) para los adolescentes que sientes que Dios te está poniendo para que seas su mentor personal. Recuerdo una vez que estaba pidiendo sabiduría para elegir a quien discipular de forma individual y a la semana siguiente uno de los adolescentes que asiste a la escuela donde trabajo se me acercó y me dijo: "Quiero reunirme contigo una vez al mes". Bueno, de acuerdo Dios, lo entiendo. Ahora, las cosas probablemente no serán así de sencillas, pero mantente alerta.

En segundo lugar, déjalo en manos de la química. Lo más probable es que un adolescente al que no le caigas bien no esté muy contento con la idea de tenerte como su mentor personal. Digamos que tienes 5 líderes para un grupo de 30 adolescentes. ¿Cuáles de estos 30 son más cercanos a ti? ¿Con quién haces click? ¿Quién parece gravitar hacia ti? O, por el contrario, ¿quién es ese adolescente que siempre está solo y no se relaciona con nadie? En ambos casos, cuando una persona se conecta contigo o cuando un joven necesita un amigo, probablemente deberías intervenir y establecer una relación de discipulado uno a uno con esa persona.

¿Cómo se hace el discipulado?

Formas esta amistad con un joven. Genial. ¿Y ahora qué? ¿Cómo ocurre el discipulado? Permítanme comenzar diciendo que todavía tengo estoy buscando una buena experiencia con un currículo de discipulado "establecido" en situaciones de uno a uno. Puede que tengas un currículum excelente o que tu experiencia sea diferente a la mía. Genial, úsalo. Yo preferiría que el discipulado de uno a uno en los grupos ocurriera de tres maneras.

Ya sea que se trate de un plan de estudios establecido, discusiones informales, momentos de emergencia o durante el ministerio diario, todas estas son oportunidades para compartir la vida y, primero Dios, ayudarlo(a) y a ti mismo(a) a llegar a ser más como Cristo.

Primero, el discipulado se da a través de discusiones informales. Tu conversación durante la cena podría comenzar con la escuela y el clima, pero terminar con el sexo y la Biblia. Algunas de las conversaciones más enriquecedoras han tenido lugar entre los adolescentes y yo cuando los llevaba a casa después de nuestra comida o caminata regular. Me he encontrado hablando de citas, masturbación, la diferencia entre la Biblia y el Corán, y una gran cantidad de otros temas desafiantes después de que la conversación "casual" se había agotado. A medida que se construye esta relación de tutoría, este adolescente con el que te reúnes regularmente, pronto comienza a entablar discusiones espirituales desafiantes desde el principio del tiempo que comparten.

En segundo lugar, aparte de las discusiones informales, a medida que construyes esta amistad, puedes empezar a recibir "llamadas de emergencia" pidiendo ayuda en ciertos asuntos. Puede que no te llamen literalmente, pero es en tiempos de emergencia que tienes la oportunidad de conectarte a un nivel más profundo con tu joven discípulo. El hecho de que este adolescente te haya llamado primero, después de que su padre la haya echado de la casa es una señal de gran confianza. Ahora, definitivamente no estoy diciendo que debas causar una crisis para intervenir y ser un oído atento, pero a medida que construyas una relación con los jóvenes, prepárate para intervenir y dar un paso adelante cuando llegue el momento.

Finalmente, aparte de las discusiones informales y los tiempos de crisis, he descubierto que llevarte a tu joven discípulo a practicar el ministerio abre nuevos niveles de crecimiento espiritual y social. Llévalo contigo cuando hagas una visita a una casa, distribuyas comida a los necesitados, prepares tu orden dominical de adoración, o limpies el sótano de la iglesia. Permítele ser un miembro activo del reino de Dios (aunque todavía no entienda lo que es este reino). Tuve una gran relación con un joven que solía ser estudiante en la escuela. Se graduó de nuestra escuela secundaria, pero seguía viniendo a mi oficina cada cierto tiempo para hablar de teología y de la vida. Comencé a llevarlo conmigo cuando visitaba las casas de las familias refugiadas alrededor de la iglesia. Fueron tiempos preciosos en los que nuestra relación se fortaleció y pudimos discutir el significado de la vida cristiana de manera práctica. Este joven ha escogido ser miembro del cuerpo ministerial en una iglesia tradicional y espero con ansia verlo ministrando a la gente de Beirut como sacerdote.

Ya sea que se trate de un plan de estudios establecido, discusiones informales, momentos de emergencia o durante el ministerio diario, todas estas son oportunidades para compartir la vida y, primero Dios, ayudarlo(a) y a ti mismo(a) a llegar a ser más como Cristo. Sin embargo, son necesarias algunas advertencias.

¿Cuáles son los peligros de los grupos de discipulado de uno a uno?

Tener un grupo de discipulado cercano con un adolescente no está exento de dificultades. Primero, debes ser cauteloso de la manera en que otros jóvenes que compiten por tu atención ven esto. ¿Sentirán envidia? ¿Lo verán como un trato especial? En el Líbano normalmente invitas a todos tus amigos a tus bodas. Tomé la decisión de no invitar a ningún estudiante de la escuela a mi boda. Sin embargo, invité a algunos jóvenes que se habían graduado de la escuela y a quienes yo estaba discipulando. Unos meses después de mi boda, me enteré de que algunos de los jóvenes de la escuela se quejaban porque se habían perdido mi boda. A medida que se construye una relación cercana con un adolescente, otro probablemente esté mirando con descontento cuando José reciba su túnica de colores. Para contrarrestar esto, trabaja con los otros líderes de jóvenes o con los adultos de tu iglesia y anímalos a que sean intencionales en la tutoría de otros jóvenes. Asegúrate por todos los medios que todos los adolescentes tengan algún líder que los esté discipulando de esta manera.

En segundo lugar, y es importantísimo enfatizar esto, el discipulado de géneros mixtos cuando es uno a uno, es una bomba de tiempo. ¿Por qué? Pasar tiempo regularmente con una persona del sexo opuesto, particularmente si esa persona es un adolescente, abre el camino a un comportamiento poco ético. De hecho, aunque la persona sea del mismo sexo, ten cuidado de no desarrollar una relación malsana de dependencia en la que el joven discípulo te busque para resolver todos sus problemas, o que te idolatre y piense que eres perfecto, o que se presente una sustitución, en la que poco a poco ocupes el lugar de su familia y amigos. Pero, no temas, estos grupos de discipulado uno a uno también ofrecen algunas ventajas asombrosas.

¿Cuáles son las ventajas de los grupos de discipulado uno a uno?

La primera ventaja es que los grupos de discipulado uno a uno te permiten ir más allá del primer nivel del ministerio cristiano donde simplemente proclamas o compartes las verdades del Reino con un adolescente. A medida que construyes esta relación, serás capaz de discutir, compartir y ser desafiado por el Reino de una manera nueva y refrescante. A medida que se profundiza la confianza, también lo hacen las conversaciones; el cambio de por vida puede ocurrir y de hecho ocurre.

En segundo lugar, estas amistades cercanas suelen durar más allá de la adolescencia. Los ojos de mi esposa todavía brillan cada vez que ve a su mentor de la adolescencia. A medida que tu joven discípulo avance hacia la adultez, tal vez te encuentres convirtiéndote en su mejor amigo en un nivel completamente nuevo. Por el contrario, si la comunicación se detiene, puede sorprenderte una noche con una llamada telefónica de tu viejo discípulo pidiendo consejo, queriendo reunirse, o simplemente saludarte.

Los grupos de discipulado uno a uno son hermosos. ¿No es la vida cristiana en su esencia un camino de dos, Cristo con cada uno de nosotros? Sí, caminamos juntos como un cuerpo colectivo de creyentes, pero para poder caminar juntos de una manera amorosa debemos estar caminando personalmente con Cristo. ¿Qué es un grupo de discipulado de dos personas entonces? Es un desafío, una invitación a ser Cristo que camina con un adolescente y a ver a Cristo en el adolescente con el que caminas. Es descubrir juntos el Reino.

Parte 2 — La Familiaridad del compañerismo: grupos pequeños (3 a 12 personas)

¿Cómo se forman?

Ahora pasamos al territorio más conocido de los grupos pequeños. ¿Cómo se forman? Según mi experiencia, están formados por dos escenarios diferentes: una actividad común o un atributo común. En primer lugar, es posible que descubras que en tu grupo de jóvenes hay varios adolescentes que comparten el mismo interés. Hace un tiempo un amigo me introdujo al maravilloso juego de los Colonos de Catán (no, este no es un anuncio pagado). Pronto, cinco de mis jóvenes también se volvieron adictos. Nos reuníamos cada dos semanas para jugar a Catán. Y de esa forma se formó un grupo. Todavía no era un grupo oficial de discipulado, pero cuando has trabajado con adolescentes durante algún tiempo te das cuenta de que es valioso encontrar un grupo pequeño que se reúna todas las semanas. Este grupo puede convertirse fácilmente en un grupo de discipulado inspirado en Catán. Otro ejemplo son tres adolescentes a los que les gusta comer (¿a quién no?). Hace un año, empezamos a salir mensualmente a probar un nuevo restaurante. Durante la comida, nuestras discusiones nos han llevado por todos los temas de la vida, incluyendo lo que significa seguir a Dios hoy. Un último ejemplo es un grupo de discipulado con temas teatrales, que mi esposa dirigió con un grupo de 10 adolescentes. A todos les encantaba el teatro y todos querían descubrir la Biblia.

En segundo lugar, el grupo podría estar formado por características comunes. Todos pueden tener la misma edad, vivir en la misma área o compartir algún otro rasgo común. Naturalmente, se sienten cómodos juntos. Ahora, ten en cuenta que los grupos pequeños también deben desafiar la zona de confort de los adolescentes y su percepción de "nosotros" y "ellos". Sin embargo, puedes encontrar que a través de intereses o características comunes un grupo ya se ha formado sin ningún esfuerzo inorgánico de tu parte.

Permítanme enfatizar, sin embargo, que para comenzar un grupo oficial de discipulado el líder tiene que tomar la iniciativa. Como vimos anteriormente, un grupo puede formarse de forma natural, pero para que se convierta en un grupo de discipulado, el líder tiene que intervenir. Siempre he encontrado que establecer un tiempo fijo para reunirse regularmente le da cierta seriedad al grupo y ayuda al líder a hacer el discipulado de una manera efectiva.

¿Cómo ocurre el discipulado?

Formas un grupo pequeño para el discipulado, pero a diferencia del grupo de discipulado de dos, dejar el discipulado en manos de charlas informales o en tiempos de crisis no traerá resultados positivos. No estoy diciendo que debas convertir a tu grupo en una clase estricta, pero crear una rutina y una estructura saludable pagará dividendos en términos de discipulado. En este caso, recomiendo encarecidamente al dirigente que utilice un plan de estudios establecido (que busque uno o haga uno) o que establezca el tema de la reunión. Tal vez quieras discutir algo en un ambiente relajado usando la Biblia de vez en cuando, pero establece un tema. Tiendo a hacer una sesión abierta de preguntas y respuestas una vez cada cuatro sesiones, lo que rompe la rutina y da la oportunidad a los jóvenes de expresarse libremente. Cuando un adolescente me hace una pregunta inesperada, puedo responder hábilmente con, "apúntala para nuestra próxima sesión de preguntas y respuestas". Permítanme añadir que es vital explorar juntos un pasaje de la Biblia cada vez. Esto puede ser a través de una dramatización, discusión, videos u otras formas creativas, pero los adolescentes deben familiarizarse con la Biblia, aunque sólo sea por el hecho de que un día dejarán tu grupo. Si ellos no saben cómo leer la Biblia (o disfrutar de la Biblia) entonces tus esfuerzos habrán sido en vano.

Las discusiones informales juegan un papel en el discipulado. Suelen ocurrir en los momentos periféricos, cuando te mezclas al principio, esperas a un miembro que llega tarde, los dejas en sus casas, o mientras charlas en las redes sociales. Es en estos espacios en torno al tiempo oficial de discipulado que las discusiones informales te ayudarán a profundizar con tu pequeño grupo. Si bien he argumentado anteriormente que deberías dejar las preguntas fuera de tema para una sesión de preguntas y respuestas, a veces deberías atender la duda, incluso si eso significa que no podrás terminar todo lo que querías cubrir.

Si ministrar juntos en grupos de discipulado uno a uno es una opción, entonces hacer ministerio con un grupo pequeño es casi obligatorio. En un grupo pequeño hay de 3 a 12 adolescentes llenos de energía que están aprendiendo lo que significa ser parte del reino de Dios. Bueno, noticias de última hora, el Reino no sólo está sentado alrededor de una mesa y leyendo la Biblia. Hay un pequeño grupo que conozco que va una vez cada dos meses a una ONG local para llenar paquetes de comida. Nuestro programa local para niños está dirigido por unos pocos "adultos" y un grupo de adolescentes que están siendo discipulados. El comité que me ayuda a dirigir el ministerio juvenil en mi iglesia local está igualmente compuesto por líderes adultos y adolescentes disciplinados. Las oportunidades son infinitas. Qué pena por la iglesia o comunidad que no invierte en sus pequeños grupos comprometidos con el trabajo del Reino. Sin embargo, no todo es fácil, y los grupos pequeños tienen una buena dosis de peligros.

¿Cuáles son los peligros de los grupos pequeños?

Primero, si bien los introvertidos florecen en grupos de discipulado uno a uno, la mayoría se abstiene de hablar en grupos pequeños. Esto es naturalmente más pronunciado en grupos pequeños de más de seis personas. Ten cuidado al dirigir el grupo de que no se convierta en un grupo de ocho participantes y cuatro espectadores. Aquí el papel de la creatividad en el acercamiento al pasaje bíblico y en el ministerio en común será importante para asegurar la participación de los introvertidos del grupo.

En segundo lugar, otro escollo de los grupos pequeños es tomar la decisión de aceptar o rechazar a los miembros. ¿Les pides a los que llegan tarde (los últimos 15 minutos) que esperen afuera para no interrumpir el flujo de la discusión o les da la bienvenida? ¿Qué se hace con los adolescentes que no siempre están ahí? ¿Qué hay del nivel espiritual? ¿Escoges a los participantes de tu grupo o lo dejas abierto a quien quiera entrar? Cada una de estas opciones tiene sus ventajas y desventajas. Yo, y probablemente otros, no tengo respuestas fáciles. Lo que puedo decir es que tienes que hacer lo que asegure que los que asisten al grupo sean realmente disciplinados. Al igual que los grupos de discipulado uno a uno, algunos jóvenes se sentirán "excluidos" e incluso resentidos con aquellos que están en un grupo de discipulado. Pero, ten cuidado de crear una mentalidad de jerarquía en la que los que forman parte de un grupo parezcan ser más santos o superiores a la "gente común" que simplemente asiste a las reuniones de jóvenes.

No sólo existen los peligros de la no participación de algunos miembros y la formación de grupos exclusivos, sino que los grupos pequeños también pueden deteriorarse en pocos días cuando dos miembros se pelean. Uno de estos grupos de discipulado, compuesto por seis hombres, estuvo creciendo bien por más de dos años, luego dos de los muchachos tuvieron una acalorada pelea. Uno se fue, los otros tomaron partido y el grupo de discipulado, una vez fuerte, comenzó a verse bastante desgastado.

Creo que no hay forma de evitar tales situaciones. Esto es parte de la vida. Sin embargo, puedes ser proactivo como líder si intercedes temprano e intentas que se reconcilien o quizás, en casos extremos, le pides a ambas partes que se tomen un descanso del grupo. Al final del día, si no podemos aprender a resolver conflictos pacíficamente en un grupo de discipulado en una iglesia, entonces ¿dónde más podemos hacerlo?

> **Si eres fiel en la preparación de maneras creativas para conectarte con la Biblia, las conversaciones profundas ocurrirán inevitablemente.**

Un peligro final es que el pequeño grupo de discipulado se convierta en una réplica del servicio dominical. No debes pasar 30 minutos dando un "sermón" en un grupo de discipulado. Piensa en tu pequeño grupo de discipulado más como un estudio bíblico para jóvenes. Se reúnen para explorar la Biblia, para hablar sobre el Reino y luego para salir y ser el Reino. El culto dominical es asombroso, pero no es un grupo pequeño de discipulado.

En resumen, ten cuidado de aislar a los introvertidos, rechazar/aceptar a algunos miembros, los conflictos dentro del grupo y la réplica del servicio dominical regular. Basta de advertencias; ahora pasemos a los aspectos positivos.

¿Cuáles son las ventajas de los grupos pequeños?

En primer lugar, puede haber, y de hecho hay, conversaciones profundas en los grupos pequeños. Puede que veas a algunos adolescentes durante cinco años y nunca tengas una conversación profunda con ellos. Sin embargo, pasas tiempo con ellos en un grupo pequeño de discipulado estructurado y, ¡de pronto estás discutiendo la entera santificación en el avivamiento wesleyano! Si eres fiel en la preparación de maneras creativas para conectarte con la Biblia, las conversaciones profundas ocurrirán inevitablemente.

En segundo lugar, se construyen amistades. Muy pronto te darás cuenta de que el grupo disfruta salir a una excursión divertida fuera del horario del discipulado. Las amistades creadas en este entorno de grupos pequeños también pueden durar toda la vida.

Finalmente, regocíjense, porque el grupo pequeño es un modelo de cómo era la iglesia primitiva. Los eruditos bíblicos están de acuerdo en que la iglesia primitiva en el mundo romano era probablemente una iglesia casera. Los grupos pequeños se reunían para leer las Escrituras, compartir las enseñanzas de los apóstoles y tener compartir la cena del Señor. También eran grupos de apoyo mutuo, como se evidencia en los primeros capítulos de Hechos, donde los ricos compartían lo que tenían con los pobres. Así que, cuando te reúnas con tu pequeño grupo de adolescentes para discutir la Palabra de Dios y vivir el Reino, sé feliz, porque estás participando de una antigua práctica viviente. La iglesia primitiva transformó los continentes. Quién sabe lo que hará tu grupo.

Parte 3 — La reunión de gozo: el grupo de la iglesia (13-50 personas)

¿Cómo se forman?

Algunos lectores objetarán que el grupo entero de jóvenes de la iglesia sea colocado bajo el encabezado de "grupos de discipulado". Respondo con una pregunta: ¿Hay el discipulado durante la reunión regular "grande"? Creo que sí. Pero antes de que pasemos a explorar cómo sucede, discutamos cómo se forma este grupo de la iglesia. Hay una miríada de recursos en línea y en papel sobre cómo crear una reunión de jóvenes. Luego haré notar brevemente que el grupo de la iglesia se construye invitando a los adolescentes al mismo, cuando los que asisten regularmente a la iglesia llevan a sus hijos al grupo, y cuando se respeta su tiempo de reunión regular. Esto último es crítico porque un adolescente que se presenta para encontrar la iglesia cerrada probablemente se abstendrá de volver. Me conformaré con esta breve introducción y pasaré directamente a la cuestión del discipulado en un grupo grande.

¿Cómo ocurre el discipulado?

Primero, el discipulado se da en las formas tradicionales al escuchar un sermón o estudio bíblico, en la oración y en la adoración. Si el mensaje es atractivo y relevante para los jóvenes, si el tiempo de adoración se hace de una manera creativa y fiel, entonces sí, estos aspectos usualmente "aburridos" de la reunión pueden convertirse en momentos de discipulado donde los jóvenes obtienen nuevas realizaciones, toman decisiones para toda la vida, y se enamoran más de Jesús.

Al igual que los otros dos tipos de grupos, el discipulado también ocurre durante los momentos informales de la reunión. Es usualmente durante la interacción al principio y al final de la reunión (en torno a la comida, naturalmente), durante el tiempo de juego, y cuando los líderes llevan a los jóvenes de ida y vuelta a la iglesia. Como ya hemos discutido anteriormente, estos tiempos preparan el camino para la formación de pequeños grupos o grupos de discipulado uno a uno. Tener una reunión con un contenido perfecto (léase: loco y atractivo), pero no pasar tiempo charlando con los jóvenes es casi inútil. Por favor, no te ocupes cada segundo del programa preparando los juegos. Permite que algunos líderes caminen entre los adolescentes e interactúen con ellos. La hora de la merienda no es el momento para que los líderes se junten y bromeen sobre su semana. Este es un tiempo precioso para que tenga lugar el mini-discipulado: las relaciones se fortalecen, se demuestra el cuidado y se intercambia la vida. ¡Estos tiempos de mini-discipulado pueden incluso ser los más importantes!

Finalmente, y ya debes estar esperando esto, el discipulado en el grupo de la iglesia sucede cuando hacemos el ministerio juntos. Una vez, en asociación con Jóvenes por Cristo del Líbano, llevamos a nuestro grupo de jóvenes durante Navidad bajo el puente en los suburbios de Beirut. Instalamos diferentes puestos explorando la historia de la Navidad. Algunos de los voluntarios adolescentes no conocían la historia. Fue un tiempo maravilloso de interacción con los adultos y niños de la zona. Todos los participantes salieron del lugar con una mejor comprensión del Reino. Otro año fuimos a una ONG local que se ocupa de los niños de la calle para darles una cena y compartir un programa especial. De nuevo, había algunos jóvenes no estaban comprometidos en su relación con Dios, pero fueron y vieron, por sí mismos, lo que significa ser las manos de Dios en este mundo.

El grupo de jóvenes de la iglesia nos da una idea de lo que es la iglesia en general: ¡un bullicioso grupo de personas diferentes que se unen en torno a la persona de Jesús!

Algunos jóvenes nunca serán parte de un grupo pequeño de discipulado o de un grupo de discipulado individual. ¡Algunos jóvenes sueñan despiertos en cada charla! Por lo tanto, los tiempos informales de interacción y ministrar juntos pueden ser el único indicio de lo que significa vivir para/con Jesús.

¿Cuáles son los peligros de los grupos de la iglesia?

Hay dos peligros principales del discipulado en los grupos de la iglesia. Primero, las reuniones juveniles de la iglesia pueden, con el tiempo, convertirse en una rutina aburrida. Ahora, por favor, no creas que esto significa que tener una rutina sea malo en sí. He estado desayunando todos los días de mi vida, ¡y esa es una hermosa rutina! Sin embargo, trato de diversificar mis opciones de desayuno para que esta rutina siga siendo saludable y alegre. Cuando te prepares para tus reuniones juveniles, pregúntate: ¿Qué cosas nuevas están sucediendo en esta reunión que despertarán a los jóvenes ante la realidad de Dios y del reino de Dios? Puede que no cambie la rutina de tener un sermón, pero tal vez cambie la forma en que se da el mensaje. Mantén el tiempo de interacción al principio, pero sería bueno pegar algunos versículos desafiantes en el salón. ¡Las oportunidades son infinitas!

En segundo lugar, a mayor escala que los pequeños grupos de discipulado, muchos jóvenes se convertirán en meros espectadores en la reunión de tu iglesia. El discipulado y experimentar a Dios raramente ocurren cuando uno está sentado sin compromiso. Una vez más, construye intencionalmente tu reunión para que cada adolescente, si así lo desea, tenga la oportunidad de participar y aprender sobre el Reino.

¿Cuáles son las ventajas de los grupos de la iglesia?

En oposición al peligro final antes mencionado, los jóvenes nuevos o aquellos que simplemente van a descubrir de qué se trata, pueden pasar desapercibidos. Cuando se trabaja uno a uno y los grupos pequeños no tienen esa opción. Algunos adolescentes todavía no están totalmente convencidos con este asunto de Jesús, o simplemente no tienen ganas de relacionarse con otros. Los grupos de la iglesia les dan la oportunidad de estar tranquilos.

En segundo lugar, todos sabemos que cuanto más grande es el grupo, más bonita es la fiesta. ¿Quieres hacer una fiesta de Navidad? ¿Quieres participar en un gran ministerio? ¡Los grupos de la iglesia te dan la oportunidad de ir a lo grande! Tener un salón repleto de 40 adolescentes animados añade una ventaja a cualquier actividad.

En tercer lugar, los grupos de la iglesia preparan a los jóvenes para la vida "adulta" en la iglesia. Si pueden sentarse ahora a escuchar algunas canciones y una charla, podrán encontrar relevancia en la adoración del domingo por la mañana. Si aprenden lo que significa ser iglesia, entonces a medida que superen su adolescencia será más fácil adaptarse al cuerpo de Cristo, a veces más grande y desafiante, en la iglesia local.

Finalmente, dado que las reuniones de jóvenes suelen tener lugar en la iglesia, el adolescente comenzará a desarrollar un sentido de pertenencia a este lugar. Mientras que en grupos pequeños y de discipulado uno a uno el adolescente puede construir una relación especial con el líder del grupo, aquí se empieza a construir una relación con el lugar mismo. Si los grupos cercanos de discipulado uno a uno nos muestran cómo caminar con Cristo y si los pequeños grupos de discipulado nos proporcionan apoyo espiritual, entonces todo el grupo de jóvenes de la iglesia nos da una idea de lo que es la iglesia en general: ¡un bullicioso grupo de personas diferentes que se unen en torno a la persona de Jesús!

Conclusión

Permítanme terminar mencionando rápidamente algunos de los retos con los que creo que debemos luchar hoy en día como obreros de jóvenes.

Vivimos en una época de creciente individualidad. ¿Cómo pueden nuestros grupos de discipulado fomentar la comunidad en una época en la que puedo "conectarme" con todos con mi propio y muy personal teléfono inteligente?

Vivimos en una época del desempeño. Lo que hago y cómo lo hago se ha convertido en el tema de mis publicaciones en las redes sociales. ¿Cómo pueden nuestros grupos de discipulado fomentar la intimidad — saber que soy amado tal como soy, antes de hacer cualquier cosa e independientemente de mi desempeño?

Finalmente, vivimos en una era de soluciones instantáneas. ¿Cómo pueden nuestros grupos de discipulado a largo plazo recordarnos que la fe es un camino de crecimiento gradual y que el reino de Dios comienza como un grano de mostaza y florece lentamente hasta convertirse en un árbol poderoso?

CAPÍTULO 5

Discipulado integral:
reunir a las familias y las comunidades de fe

Andrea Sawtelle

Andrea Sawtelle es pastora de jóvenes y sirve en Quincy, Massachusetts, Estados Unidos. El ministerio juvenil le entusiasma porque puede ver a los adolescentes apasionarse por compartir el amor de Cristo más allá de las paredes de la iglesia. El discipulado es importante para Andrea porque nos necesitamos los unos a los otros al vivir esta vida con Cristo.

¿Importa el ministerio juvenil?

Acabábamos de regresar a casa de un viaje misionero a Honduras que fue increíble. Habíamos estado llenos de oportunidades interminables para servir en orfanatos, iglesias, escuelas y más. Nuestro equipo había ministrado a cerca de mil niños; nuestros corazones se habían quebrantado por lo que habíamos encontrado y eso nos cambió. No era la primera vez que llevaba a un grupo de jóvenes fuera del país para un viaje misionero, pero esta vez era ciertamente diferente. Fue diferente debido a Sarah.

Sarah y yo nos conocimos durante su primer año en la escuela secundaria (9° grado), cuando vino a hacer una prueba para mi equipo de voleibol. Yo era entrenadora en la escuela, y desde el principio supe que ella iba a ser una de esas atletas que me encantaban. Tenía un talento atlético natural, trabajaba increíblemente duro, tenía un profundo deseo de crecer como jugadora y me respetaba como entrenadora. El primer año fue un gran comienzo para Sarah.

En su segundo año, Sarah fue una de las pocas estudiantes de los primeros grados que formó parte del equipo que representaba a la escuela y pensamos que iba a ser otro año de crecimiento asombroso. No sabíamos que el año sería uno de los más difíciles. Unas semanas después de la temporada, la madre de Sarah me llamó a casa. Empezó la conversación diciendo: "Sé que eres la entrenadora de Sarah, pero también oí que eras pastora y no sabía a quién más acudir". Ese día escuché a una madre derramar su corazón por una hija que estaba luchando tanto que no estaba segura de cómo ayudarla. Eso me quebrantó.

Después de colgar el teléfono con la mamá de Sarah, hice mi trabajo para verter en ella tanto como fuera posible. En la práctica la animaba, hablaba con ella y le preguntaba sobre su vida. Quería que entendiera que era amada, valorada y que Dios tenía un propósito y un plan para su vida. Varias semanas después del inicio de la temporada, sentí que Dios me impulsaba a pedirle que fuera a Honduras con nuestro grupo de jóvenes. Ella no sólo no tenía una relación con Dios, sino que ni siquiera iba a nuestra iglesia. Sorprendentemente, ella dijo que sí de todos modos. Creí con todo mi corazón que la experiencia en Honduras podría cambiar lo todo para ella. Sin embargo, no tenía ni idea de cómo serían los 9 meses previos al viaje.

Sarah terminó en un centro de detención juvenil a la mitad de nuestra temporada de voleibol. Se había metido rápidamente en sitios oscuros y estaba sentada en medio del quebrantamiento. La sacaron de la escuela; la sacaron de su casa y la sacaron de todo lo que le era familiar. Batalló tanto en el primer centro de detención que fue trasladada a otro, esta vez más lejos de casa y con más restricciones. Comencé a orar fervientemente por ella, esperando que Dios abriera puertas y aferrándome a lo que yo creía que era verdad. Se suponía que iba a estar en ese viaje con nosotros.

Pasé mucho tiempo con Sarah durante ese período. La visité en los centros de detención; le envié notas de ánimo y continué construyendo una relación con su familia, a la vez que navegábamos en un viaje que resultó ser impredecible. De una manera loca y milagrosa, ese julio, Sarah logró abordar el avión con nosotros y embarcarse en una aventura misionera de 10 días a Honduras.

Algunas cosas increíbles sucedieron en la vida de Sarah en ese viaje. Por unos días, empezó a soltar algunos de los muros que había construido y empezó a hablar del dolor que llevaba consigo. Se dejó querer por los adultos y sus compañeras de equipo, se lanzó al servicio desinteresadamente y comenzó a compartir partes de su historia, una historia que le había dejado el corazón roto. Vi como Sarah amaba a las adolescentes con necesidades especiales de un orfanato que albergaba a personas abusadas y desatendidas y vi que algo cobró vida en ella. Lloré al final de la semana cuando Sarah se levantó frente a la iglesia en la que habíamos estado trabajando y compartió su historia, una historia que en su crudeza de alguna manera todavía revelaba el amor de Jesús. Esos 10 días superaron mis expectativas de lo que yo creía que Dios podía hacer en la vida de un adolescente. Luego hicimos la transición a casa.

A los pocos meses, Sarah estaba de vuelta en un viaje impredecible que eventualmente la llevaría por el camino del abuso de sustancias, problemas con la ley y un embarazo. Mientras veía cómo se desarrollaba ese viaje, no podía dejar de pensar: "¿En qué me equivoqué con ella? ¿Por qué no pude ayudarla? Debería haber hecho algo más. ¿Importa el ministerio juvenil?" Éstas se convirtieron en preguntas que me perseguirían a lo largo de mi primera década de ministerio juvenil.

Tenía 24 años cuando acepté mi primer trabajo como pastora de jóvenes. No sólo era demasiado joven para conducir la camioneta de la iglesia (¡que luego estrellé durante el primer año de conducirla!), sino que también tenía todos estos conceptos erróneos que creía eran ciertos sobre el ministerio juvenil. Para empezar, yo creía que el trabajo del pastor de jóvenes era salvar al mundo ... con una sola mano. No importaba el trauma que un adolescente hubiera experimentado, el sistema familiar del que proviniera o la falta de experiencia que yo tuviera. Al final del día, si un adolescente no seguía a Jesús, era culpa mía, así que más me valía hacer todo lo que estuviera a mi alcance para asegurarme de que eso no sucediera.

Esto me llevó a mi segundo concepto erróneo: las actividades interminables son la clave del discipulado. Yo creía con todo mi corazón que mientras más fiestas con pizza hiciéramos, más noches sin dormir aguantáramos y cuanto más completa fuera nuestra programación, mayores eran las posibilidades que teníamos de discipular a nuestros adolescentes. No importaba que estuviéramos añadiendo un millón de cosas a su agenda ya llena, o que los alejáramos de su familia con la que apenas pasaban tiempo de todos modos. Después de todo, mientras los tengas en la iglesia, el discipulado se da, ¿verdad?

Al menos eso es lo que yo creía. Nunca me detuve a preguntarles a sus padres. Lo que me lleva a mi tercer concepto erróneo. Yo creía que los padres debían evitarse a toda costa. Cuando se trataba de los padres, ellos eran intimidantes, un estorbo, entrometidos e incluso, a veces, enemigos. No había manera de que ellos pudieran hablar a la vida espiritual de sus adolescentes con el mismo poder que yo. Después de todo, yo era joven, estaba capacitada profesionalmente en el ministerio juvenil y estaba llena de ideas.

La gran realidad

Todos nos hemos encontrado con una miríada de adolescentes dentro de nuestros ministerios. Algunos han crecido en la iglesia; otros han entrado por nuestras puertas porque alguien los invitó; algunos han llegado de hogares con una fuerte base en la fe y otros han llegado de sistemas familiares que están simplemente rotos. Como líderes juveniles, tratamos de hacer todo lo que está en nuestro poder para hacer una diferencia, compartir el evangelio de Jesús y construir relaciones para toda la vida. La realidad es que, al final, todavía tenemos adolescentes que se alejan de su fe. Después de examinar la investigación del Grupo Barna y el Estudio Nacional de la Juventud y la Religión, la autora Kara Powell habla sobre este tema en su libro, *Sticky Faith* [*Fe pegajosa*]. Concluye que, "el 40 o 50% de los niños que se gradúan de una iglesia o grupo de jóvenes no lograrán mantener su fe en la universidad y sólo el 20% de los estudiantes universitarios que abandonan la fe planearon hacerlo durante la escuela secundaria. El 80% restante tenía la intención de mantenerse en la fe, pero no lo hizo".[1]

Ya sea que pensemos que somos profesionales capacitados y llenos de ideas o no, estas estadísticas alarmantes deberían hacer que nos planteáramos varias preguntas, muchas de las cuales yo me estaba haciendo mientras veía el viaje de Sarah transcurrir ante mis ojos después de regresar de nuestro increíble viaje a Honduras. "¿Lo que estamos haciendo está funcionando? ¿En qué nos hemos equivocado? ¿Importa el ministerio juvenil cuando se trata del discipulado?"

¿Cuál es el secreto?

Como líderes de jóvenes, creo que todos estaríamos de acuerdo en que el ministerio juvenil sí importa, pero a veces lo que creemos que está funcionando no está funcionando tan bien. Jackie fue la primera adolescente que conocí en mi primer grupo juvenil. Estaba llena de vida, amaba a sus líderes de jóvenes, le encantaba llevar amigos, hacía preguntas que provocaban reflexión y estaba en la iglesia cada vez que se abrían las puertas. Los padres de Jackie también asistían a la iglesia, pero eran lo que se podría llamar cristianos "nominales". Después de pastorear a Jackie hasta la escuela intermedia y secundaria (12° grado), se fue a una universidad cristiana por cuatro años. Aunque Jackie tuvo algunas experiencias realmente maravillosas, nunca le permitió a Dios tomar su corazón y ya no asiste a ninguna iglesia.

Matt era un adolescente que tropezó con nuestro ministerio de jóvenes en la escuela. Había crecido en un hogar "cristiano", había estado en varias iglesias diferentes y tenía un conocimiento decente de la Biblia. Sin embargo, su vida familiar era un desastre. Sus padres estaban divorciados, su madre se había casado varias veces y la vida se había complicado. Matt era inteligente, tenía un deseo de crecer en su relación con Jesús y asistió a nuestra iglesia con su papá. Matt se graduó de una universidad cristiana, ahora sirve en su iglesia local y está por obtener un título de posgrado en consejería. Matt tiene un profundo amor por Jesús y el deseo de ayudar a otros a descubrir lo mismo.

Becca vino a nuestro grupo de jóvenes como estudiante de segundo año en la escuela secundaria (10° grado) porque estaba saliendo con uno de nuestros muchachos adolescentes de la "iglesia". La primera semana que la conocí, comprendí rápidamente que aunque estaba feliz de estar en el grupo de jóvenes, no tenía realmente un deseo de conocer a Dios. Después de varios meses de asistir, Becca no sólo llegó a amar a nuestro grupo de jóvenes, sino que aceptó a Jesús como su Salvador personal. Durante los siguientes dos años (incluso después de romper con su novio) se levantó como líder adolescente en nuestro grupo de jóvenes, llevó a su papá a la iglesia y ahora asiste a una universidad cristiana donde está estudiando para ser pastora de jóvenes.

Cuando pienso en adolescentes como Jackie, Matt y Becca, creo de todo corazón que el ministerio juvenil ha hecho una diferencia de una manera u otra. Sin embargo, la realidad es que tengo muchas más historias como la de "Jackie" de las que me gustaría contar, historias de adolescentes que caen en el 40-50% de los que se irán de la iglesia. Aunque hay muchos factores que intervienen en lo que Kara Powell llama "Fe pegajosa", una de las mayores fuentes de influencia es la familia. "El Estudio Nacional sobre la Juventud y la Religión concluyó que la mejor manera de que los jóvenes se tomen más en serio la fe religiosa es que los padres se tomen más en serio la suya".[2] Powell continúa afirmando audazmente en su libro que, "cuando se trata de la fe de los niños, los padres obtienen lo que son".[3] En otras palabras, la forma en que los padres eligen vivir su fe tiene un enorme impacto en la fe de sus hijos. Esa declaración por sí sola tiene enormes implicaciones para la iglesia y la manera en que hacemos el ministerio juvenil. Si los padres tienen una influencia tan grande en la vida de sus hijos adolescentes y queremos discipular a los adolescentes para que tengan una fe duradera, entonces la iglesia tiene que empezar a asociarse con las familias.

Si los padres tienen una influencia tan grande en la vida de sus hijos adolescentes y queremos discipular a los adolescentes para que tengan una fe duradera, entonces la iglesia tiene que empezar a asociarse con las familias.

Esto no debería ser conocimiento nuevo para nosotros. Desde el principio, Dios fue intencional al recordarnos cuán importante es para la familia ser el fundamento del discipulado básico. Leemos este mandamiento en Deuteronomio 6:4-9 donde dice:

> Escucha, Israel: El Señor nuestro Dios es el único Señor. Ama al Señor tu Dios con todo tu corazón y con toda tu alma y con todas tus fuerzas. Grábate en el corazón estas palabras que hoy te mando. Incúlcaselas continuamente a tus hijos. Háblales de ellas cuando estés en tu casa y cuando vayas por el camino, cuando te acuestes y cuando te levantes. Átalas a tus manos como un signo; llévalas en tu frente como una marca; escríbelas en los postes de tu casa y en los portones de tus ciudades.

Dios entendió que las historias espirituales que se transmitirían entre las familias podrían ser una de las herramientas más vivificantes. También sabía que la intencionalidad sería clave cuando se trata de transmitir la fe de una generación a otra. No sólo sugiere que seamos intencionales. Con mucho apremio *ordena* a las familias que sean intencionales porque sabe que hay mucho en juego.

La mayor parte de mi vida la pasé en el norte de Nueva York, en un pequeño pueblo llamado Plattsburgh. Plattsburgh era el lugar ideal para criar a una familia, pero probablemente no era la primera opción de nadie para tomarse unas vacaciones. Mi padre fue pastor por más de 12 años en esa comunidad. Teníamos una iglesia de tamaño aceptable y un grupo de jóvenes de tamaño aceptable también, donde yo estaba increíblemente activa y que tuvo un gran impacto en mi llamado al ministerio. Tuvimos un increíble pastor de jóvenes a quien amaba y respetaba, y hasta el día de hoy sigue siendo una de las mayores influencias en mi vida. Sin embargo, notamos algo diferente en las familias de nuestra iglesia. No era su conexión con mi padre o con el pastor de jóvenes. Lo que notamos es que eran intencionales en cuanto a la formación espiritual en sus hogares.

La intencionalidad significaba que pasaban tiempo con otras familias de su comunidad que compartían los mismos valores. Significaba que para ellos era una prioridad leer las Escrituras y orar junto con sus familias en sus hogares. Estas familias no tenían miedo de vivir contraculturalmente y de elegir defender lo que creían que era correcto. Los padres les contaban a sus hijos historias de la fidelidad de Dios y les hablaban de los lugares donde Él los desafiaba. Crearon espacios en sus casas para preguntas y dudas, llevaron a otros adultos, cuya historia de fe era contagiosa, a la vida de sus hijos y continuaron modelando lo que significaba poner a Jesús primero en todas las cosas. Además, tenían la intención de asociarse con la iglesia. Como resultado, muchos de sus hijos, que ahora son adultos con familias, están sirviendo, ministrando y caminando con Jesús hoy, totalmente entregados a Sus caminos.

Cuando se unen la iglesia y la familia

Aunque sabemos estadísticamente que el discipulado funciona mejor cuando nos asociamos con la familia, como pastores de jóvenes, a menudo lo rechazamos por miedo. Pensamos que si comenzamos a enfocarnos en el ministerio familiar, perderemos todos nuestros ministerios juveniles y esto de alguna manera disminuirá nuestra efectividad o incluso nuestra creatividad. Esta creencia está más lejos de la verdad de lo que podemos imaginar. Asociarse con la familia para un discipulado integral no se trata de cambiar el ministerio juvenil por el ministerio familiar. Se trata de llevar a las familias al centro del proceso de discipulado y reconocer que cuando la iglesia y la familia se unen, somos mejores. La gran pregunta es, ¿cómo lo hacemos?

Asociarse con las familias para tener un discipulado integral es más que simplemente poner las herramientas correctas en sus manos. Implica varios componentes clave. Primero, requiere el compromiso de llevar a muchos otros adultos que amen a Jesús a la escena para ayudar a tutorar y guiar a nuestros hijos. Hay un viejo dicho que dice: "Se necesita un pueblo para criar a un niño". La verdad es que se necesitan unos 900 pueblos para criar a un adolescente. En su libro *Sticky Faith* [*Fe pegajosa*], Powell habla de esto mismo, refiriéndose a ello en una proporción de 5:1. Por cada adolescente, queremos que 5 adultos inviertan en su vida.[4] Cuando yo era adolescente, había entre 5 y 10 adultos invirtiendo fuertemente en mi vida. No eran sólo pastores de jóvenes o líderes de jóvenes. Había varios adultos en la iglesia que me invitaban a salir, me guiaban, me invitaban a conversar, me escuchaban y caminaban por la vida conmigo. Ahora que soy pastora de jóvenes, quiero lo mismo para los adolescentes que atraviesan las puertas de mi iglesia. Debe ser nuestra meta tener por lo menos 5 adultos que amen a Jesús y que estén fuera de nuestros ministerios juveniles, invirtiendo en nuestros adolescentes, proveyendo apoyo sólido a las familias a la vez que discipulan en forma integral a sus hijos adolescentes.

Un segundo componente clave para asociarse con las familias es capacitarlas. Muchas familias, aunque tienen el deseo de discipular a sus hijos, no tienen ni idea de por dónde empezar. Uno de nuestros trabajos como líderes es ayudar a proporcionar las mejores herramientas y recursos posibles para que nuestras familias se desarrollen. Esto se puede hacer compartiendo recursos web, títulos de libros y artículos en los que nosotros, como líderes, estamos inmersos para ayudarnos a navegar por la cultura y la espiritualidad de los adolescentes. Se puede organizar un seminario para padres que provea una capacitación más profunda sobre cómo discipular a los hijos. Incluso puede ser tan sencillo como reunir a los padres y compartir tus impresiones sobre las últimas tendencias, noticias, música o normas culturales en las que nuestros adolescentes están navegando.

Un tercer componente clave para asociarse con las familias es comunicarse con ellas. En los días cuando los calendarios están llenos, las familias corren incansablemente de un evento a otro y las demandas son interminables, la comunicación es clave para el trabajo en equipo. A la mayoría de los padres les gusta cuando hacemos todo lo que está a nuestro alcance para sobre comunicarnos y asegurarnos de que sepan lo que está sucediendo. Ya sea un calendario imprimible, un sitio web de la iglesia, un correo electrónico semanal para los padres, volantes, mensajes de texto o aprovechar el mundo de las redes sociales, cuanto más podamos comunicar fechas, horas, expectativas y más, mejor. Comunicarse con los padres les recuerda que entiendes el estrés en sus vidas y que quieres hacer todo lo posible para estar a su lado.

Un cuarto componente clave para asociarse con las familias es desafiarlas. Hace unos meses, desafié a mi grupo de jóvenes a leer el libro de los Salmos. Habíamos estado hablando de la importancia de las Escrituras y compartí con ellos una aplicación bíblica a la que podían acceder desde sus teléfonos y que facilitaba la lectura de un salmo al día. Me propuse incluir este desafío en nuestro correo electrónico para padres, animando a los padres a aceptar el reto con sus hijos adolescentes. A los pocos días, vi cómo los padres se entusiasmaban con la lectura de las Escrituras con sus hijos adolescentes de camino a la escuela e incluso publicaban versículos clave que habían hablado con su familia a través de las redes sociales. Una vez más, no es que los padres no quieran discipular a sus hijos, sino que a veces necesitan un lugar por donde empezar y una persona que los responsabilice. "Desafiar" puede ser darles una tarea semanal para hacer en familia, proporcionarles una lista de preguntas para hacerles a sus hijos en respuesta a algo que les has estado enseñando o pedirles que participen en un plan de lectura de 30 días de las Escrituras. Desafiar a nuestras familias no sólo los hace responsables del proceso de discipulado, sino que también ofrece una manera práctica de comenzar el proceso de discipulado.

Un quinto componente clave para asociarse con las familias es animarlas. Para aquellos de nosotros que somos padres, sabemos que la crianza de los hijos a menudo se siente como una batalla en la que no se gana. Hay días en los que miras a tu hijo y te preguntas si algo de lo que estás haciendo marca una diferencia. Los padres están buscando aliento y tenemos esta increíble oportunidad de ser los que los alientan. Animar a los padres puede ser tan simple como expresar unas palabras de afirmación cuando observas a su hijo adolescente contribuyendo dentro de tu ministerio juvenil. Puede ser celebrar acontecimientos importantes con las familias como cumpleaños, obtener una licencia, entrar a la universidad, bautizarse y tomar decisiones espirituales significativas. Animar a los padres puede ser tan sencillo como invitarlos a almorzar para compartir todas las cosas increíbles que aprecias de su hijo adolescente, o darles un pequeño regalo para animarlos a que hagan algo por sí mismos.

> **Animar a los padres puede ser tan simple como expresar unas palabras de afirmación cuando observas a su hijo adolescente contribuyendo dentro de tu ministerio juvenil.**

Otra manera de alentar es reunir estratégicamente a las familias en el mismo lugar. La mayoría de los padres están buscando la confirmación de que no están solos en los retos a los que se enfrentan al criar a un adolescente. Si podemos crear espacios donde los padres empiecen a tener conversaciones entre ellos acerca de algunos de los retos que enfrentan, sus historias compartidas crearán un sentido de aliento. Esto puede ser tan sencillo como invitar a dos familias a cenar, crear un foro abierto o simplemente presentar a las familias entre sí.

Finalmente, un sexto componente para asociarse con las familias es discipular a los padres. Las iglesias a menudo se especializan en el ministerio de jóvenes y niños, pero batallan para enfocarse y ayudar a los padres a crecer, y sabemos que ellos son los que más contribuyen a transmitir la fe a la siguiente generación. El pastor de una iglesia en nuestra zona invierte tiempo semanalmente en un grupo de hombres porque cree que si puede ayudarlos a crecer espiritualmente, esto tendrá un impacto en toda la familia.

Lidiar con familias disfuncionales

Conocí a Brandon en el estacionamiento de la iglesia, donde él y sus amigos habían estado patinando (que estaba junto a mi casa). Brandon tenía el cabello largo, usaba pintura de pestañas negra, esmalte de uñas negro y estaba vestido completamente de negro. Mi esposo y yo decidimos presentarnos con Brandon y sus amigos y más tarde esa noche los invitamos a un evento juvenil que estábamos organizando. Sorprendentemente, llegaron. Esa noche comenzó este increíble viaje de enseñar tanto a nuestros adolescentes como a nuestros adultos cómo acoger a la gente fuera de las paredes de nuestra iglesia. También desafió la forma en que pensábamos acercarnos a los adolescentes cuyas familias son disfuncionales.

No tardamos mucho en descubrir que Brandon, y los 10-15 amigos que acabaría llevando, venían de situaciones familiares muy difíciles. Brandon en particular vivía en un pequeño apartamento de una habitación con su madre, que hacía todo lo posible para tratar de estirar el dinero hasta fin de mes, pero que estaba tomando algunas malas decisiones en el camino. Al cabo de unos meses, Brandon nos presentó a su mamá, pero más allá de las presentaciones, no tuvimos mucho contacto con ella. Cuando la veíamos, nos recordaba lo agradecida que estaba de que su hijo nos tuviera en su vida, pero eso era todo.

Nuestro reto es crear una cultura saludable, no sólo dentro de nuestro grupo de jóvenes, sino dentro de las propias familias. A veces cuando miramos a las familias de las que provienen nuestros adolescentes, podemos sentir que estamos en una batalla perdida. Cuando sabemos que los padres están a la cabeza de la lista por tener la mayor influencia y vemos a un padre que está desinteresado en la fe, puede ser desalentador. Para muchos de nosotros, si hiciéramos una sección transversal de nuestros ministerios juveniles, es probable que encontremos que más y más adolescentes vienen de hogares no tradicionales. Muchos viven con abuelos, tías, tíos o padres solteros. Dentro del hogar, vemos más abuso de sustancias, problemas de salud mental y un desorden general. Los hogares pueden ser lugares realmente difíciles para que se desenvuelvan nuestros adolescentes y mucho más para que crezcan espiritualmente. ¿Qué hacemos ante eso?

En realidad, hay varias cosas que podemos hacer. La primera es simplemente empezar por entrar en su historia. A veces pensamos que al invitar a una persona a la iglesia, automáticamente dirá que sí y la vida le cambiará. Para Brandon y su mamá, la iglesia nunca fue una prioridad y nunca se habló de la fe, así que ir a la iglesia no estaba realmente en el radar. Si bien Brandon asistía a un grupo de jóvenes, no iba los domingos por la mañana y su mamá no pondría un pie en la iglesia, así que decidimos hacer todo lo que pudiéramos para entrar en su historia. Recogíamos a Brandon para ir al grupo de jóvenes, lo llevábamos y a menudo teníamos conversaciones sobre la fe, las dudas y la vida cotidiana. Tuvimos algunas conversaciones muy honestas en la camioneta de la iglesia y creo que nos llevaron a una profundización de su fe.

Mientras compartía historias sobre su mamá, a quien amaba mucho, escuchábamos y orábamos juntos. Cuando nos enteramos dónde trabajaba, que por casualidad era nuestra cafetería favorita, pasábamos a verla y le decíamos cuánto nos gustaba pasar tiempo con su hijo. Hubo momentos en que dejamos tarjetas electrónicas con algo de dinero cuando estaban en apuros económicos, compramos patinetas para tener un terreno común y nos quedamos despiertos hasta altas horas de la noche para asegurarnos de que él supiera que estábamos ahí para él.

Cuando se trata de adolescentes, nuestras iglesias tienen esta increíble oportunidad de ser una familia adoptiva para ellos, y para un adolescente que viene de una situación familiar difícil, esto puede hacer una profunda diferencia.

No éramos los únicos que hacíamos esas cosas. Brandon, sin siquiera saberlo, había creado esta cultura de acogida que había cambiado el enfoque de toda nuestra pastoral juvenil de una manera impresionante. Cuando compartimos su historia con la junta de la iglesia, nuestros líderes ministeriales y nuestro personal pastoral también comenzaron a invertir en su vida al llegar a conocerlo, orar por él, y presentarse en las actividades cada que podían. Estos adultos terminaron siendo mentores en la vida de Brandon, creando un sistema como de familia adoptiva para él.

Cuando se trata de adolescentes, nuestras iglesias tienen esta increíble oportunidad de ser una familia adoptiva para ellos, y para un adolescente que viene de una situación familiar difícil, esto puede hacer una profunda diferencia. Hacemos esto al presentarnos en los eventos importantes. Recuerdo que uno de nuestros adolescentes nos pidió a mi esposo y a mí que camináramos con él en su última noche durante su temporada de lacrosse porque sentía como si hubiéramos sido su familia. Estar ahí puede ser tan simple como eso. Nos presentamos para los grandes eventos asistiendo a graduaciones, visitando lugares de trabajo el primer día y asistiendo a juegos y conciertos en los que nuestros adolescentes han trabajado arduamente. Presentarse a los eventos importantes también incluye asistir a los funerales, a las citas en la corte y sencillamente estar ahí para nuestros adolescentes cuando reciben noticias decepcionantes.

Podemos ser una familia adoptiva para nuestros adolescentes al hacerlos responsables y orar por ellos. Podemos hacerles preguntas difíciles, escuchar mucho, retarlos a pensar sobre lo que creen y crear espacios para que estas cosas tengan lugar. Podemos encontrar personas comprometidas en la iglesia que estén dispuestas a orar no sólo por nuestros adolescentes, sino también por sus familias, por nombre, por las necesidades específicas y los desafíos con los que están lidiando.

Cuando una iglesia hace el compromiso de funcionar como una familia adoptiva para nuestros adolescentes, es un compromiso para ser intencional. Empieza con ser intencional en cuanto a ser aceptado. Nuestro trabajo como iglesia no es cambiar a nuestros adolescentes o a sus familias. Nuestro trabajo es invitarlos a una comunidad donde puedan experimentar el amor de Dios que finalmente produce el cambio. Cuando podemos acoger a nuestros adolescentes y a sus familias tal como son, a pesar de lo complicado que se pone, creamos una cultura de bienvenida y esa cultura es transformadora. Nos amamos unos a otros a lo largo del embrollo de la escuela secundaria y luego los amamos más allá de eso. Cuando podemos comprometernos a amar a nuestros adolescentes después de la escuela secundaria, caminando con ellos mientras toman decisiones en la universidad y más allá, enviamos una señal de que realmente son parte de nuestra familia y esto tiene el potencial de cambiarlo todo.

Hubo un par de veces en las que quise renunciar a Brandon, pero nosotros como iglesia habíamos hecho el compromiso de que íbamos a amarlo sin importar sus decisiones. Le decía a Brandon que un día tomaría una decisión para seguir a Jesús y que esperara. Cuando se graduó se mudó y aún no había tomado esa decisión.

Varios años después, mi teléfono sonó. En el otro extremo había una voz familiar. "¿Pastora Andrea? Sólo quería que supieras que hice lo que siempre dijiste que haría algún día. Le entregué mi vida a Jesús". Creo que se me cayó el teléfono y luego empecé a llorar. La inversión, a pesar del caos, había dado sus frutos. Varios meses después volvió a casa y lo bautizamos, con una gran parte de la iglesia presente. Junto al bautismo estaba su madre. Ese día fue un recordatorio de por qué vale la pena el arduo trabajo del ministerio juvenil y el discipulado paciente.

Nunca sabemos cuánta influencia tendremos en un adolescente o en su familia, pero nuestro trabajo como iglesia es hacer todo lo que esté a nuestro alcance para estar al lado de nuestros adolescentes y sus familias. No somos responsables de los resultados, pero sí somos responsables de mantenernos comprometidos con la misión de alcanzar a la gente para Jesús. Sarah, la joven de mi equipo de voleibol, nunca se acercó a Cristo, pero nuestra conexión con ella nos llevó a una conexión con su hermana mayor, quien eventualmente le entregó su vida a Cristo, junto con su prometido. Ahora están casados y sirven en la iglesia. Todavía estamos orando para que las semillas que fueron plantadas, los mentores que fueron forjados, la presentación que se llevó a cabo ... de alguna manera la lleve a tomar una decisión para seguir a Jesús algún día, tal como lo hizo Brandon.

Empieza por algo pequeño y empieza por algún lado

Ya sea que te encuentres trabajando con familias increíbles, funcionales y que aman a Jesús, o que estés en medio de algunos sistemas realmente caóticos y quebrantados, tu trabajo es el mismo. Ayuda a los adolescentes a enamorarse de Jesús de una manera que lo cambie todo. La mejor forma de hacerlo es trabajar junto a sus familias, ya sea la familia biológica o la familia adoptiva. Estarás tentado a pensar que tienes que tener un plan masivo para empezar, pero mi invitación es empezar por algo pequeño y empezar en algún lado. Nunca se sabe a quién se puede llegar.

Bono: 16 ideas creativas para empezar

¿No estás seguro por dónde empezar? Aquí hay algunas ideas para ti.

1. *Correo electrónico semanal para padres:* Al inicio de cada semana, envía un correo electrónico con los siguientes eventos y detalles, pagos pendientes, artículos útiles sobre la cultura juvenil y la crianza de los hijos y temas sobre los que estás predicando/enseñando. Siéntete libre de añadir algunas frases sobre cómo Dios se ha estado moviendo en tu grupo de jóvenes y hazles saber a los padres que estás orando por ellos.

2. *Boletín para padres:* Envía un boletín mensual que incluya artículos útiles sobre la crianza de los hijos, las tendencias culturales de los jóvenes, lo más destacado del ministerio juvenil, etc. Si quieres un magnífico boletín que ya está hecho y que no cuesta mucho comprarlo, visita www.cpyu.org.

3. **Fin de semana de capacitación familiar:** Invita a un profesional capacitado en el ministerio juvenil para que vaya y haga un seminario de fin de semana para padres. Si las finanzas son un problema, asóciate con otra iglesia para repartir el costo o invita a un pastor local de jóvenes que haya estado en el ministerio juvenil durante mucho tiempo para que vaya y comparta. También puedes incluir a profesionales de la salud mental, consejeros e incluso adultos mayores que hayan sido padres de adolescentes para que participen en el fin de semana.

4. **Estaciones creativas de oración familiar:** Organiza una noche de oración donde las familias puedan reunirse y participar en estaciones creativas de oración (las ideas de las estaciones de oración se pueden encontrar en línea). Da instrucciones claras sobre lo que las familias deben hacer en cada estación. Al final, entrega algunas de esas ideas en hojas de papel para que las familias las tomen y las implementen en sus hogares.

5. **Oración familiar de regreso a clases:** Invita a las familias a inscribirse en bloques de tiempo de 15 minutos para reunirse contigo al comienzo del año escolar y orar por ellos. Pregúntales qué están celebrando durante el verano y por cuáles retos puedes orar al inicio del año escolar.

6. **Conexión de padres:** Organiza una reunión mensual en la que compartas brevemente un tema o asunto relacionado con la juventud y/o la crianza de los hijos, y luego dales preguntas de discusión para que los grupos en las mesas hablen al respecto.

7. **Noches de cena:** Antes de la programación de mitad de semana, organiza una cena en la que las familias puedan participar. Pídeles a las familias mayores de la iglesia que te ayuden a cocinar cenas sencillas (como espagueti, tacos, o cualquier otro alimento), y luego cobra una pequeña cuota por cada familia que participe. Si puedes conseguir donaciones, ¡que sea gratis!

8. **Enseñanzas paralelas:** Trabaja con tu pastor y trata de usar los mismos pasajes o series de las Escrituras. Esto ayuda a crear un sentido de continuidad para la familia y también genera temas de conversación.

9. **Currículo de Sticky Faith [Fe pegajosa]:** Revisa el sitio web www.sticky-faith.org para encontrar un buen currículo para padres y adolescentes.

Organizar una clase de escuela dominical para padres y trabajen juntos en el currículo de *Sticky Faith* [*Fe pegajosa*].

10. ***Informe de los principales eventos:*** Tan pronto como regreses de un evento como un campamento de adolescentes, retiro, viaje misionero, etc., pídeles a los padres que se queden por 30 minutos más cuando vayan a recoger a sus hijos adolescentes. Dedica esos 30 minutos a recapitular el evento, compartir lo más destacado y ofrecer desafíos. Entrega una hoja de preguntas que los padres puedan hacer a sus hijos mientras se dirigen a casa.

11. ***Deja que los padres sean narradores de historias:*** Invita a los padres de tus hijos adolescentes a asistir a un grupo de jóvenes y compartir sus historias de cómo llegaron a conocer a Cristo. También puedes invitar a un panel de padres al grupo de jóvenes y hacerles preguntas sobre sus historias de fe.

12. ***Invita a las familias a tu casa:*** ¡La mejor manera de conocer a las familias es comiendo juntos! Invita a un par de familias a almorzar o cenar al mismo tiempo. Esto te da la oportunidad de conocer a las familias y también les da a las familias maneras de conectarse entre sí.

13. ***Misiones familiares/Días de servicio:*** Busca maneras de servir juntos. Ya sea un viaje misionero intergeneracional de una semana de duración o una tarde de servicio en un ministerio de compasión local, servir juntos crea algunas oportunidades increíbles de discipulado.

14. ***Notas alentadoras:*** ¡Usa el correo! Una nota de aliento escrita a mano puede ser de gran ayuda para que las familias se sientan conocidas, visibles y que no estén solas.

15. ***Plan de Mentores y compañeros de oración:*** Crea perfiles de oración para todos los adolescentes en tu ministerio y pide que la gente de tu congregación adopte un compañero de oración. Comienza este ministerio con un desayuno de oración donde los adolescentes y adultos puedan conocerse cara a cara y comprometerse a orar unos por otros durante un año.

16. ***Compañeros de crianza de los hijos:*** Conecta a las mamás y a los papás con otros adultos que han sido buenos padres en el pasado y están en

la siguiente etapa de la vida. Estos "pares" pueden servir como compañeros de oración, mentores de discipulado y alicientes para el viaje.

Bakhoh Jatmiko

Bakhoh Jatmiko es el coordinador de jóvenes del Área Sealands; es pastor y sirve en Yakarta, Indonesia. El ministerio juvenil le entusiasma porque hay una nueva generación con pasión por el Señor. El discipulado es importante para Bakhoh porque la semejanza a Cristo no aparece repentinamente en un solo momento o como resultado de una sola experiencia. El discipulado ayuda al creyente a caminar en un viaje espiritual para ser más semejantes a Cristo.

Nuestra necesidad de relación se destaca desde el principio de nuestra historia. En Génesis, Dios declara: «No es bueno que el hombre esté solo». (Génesis 2:18). Dios sabía que fuimos creados para estar en relación con los demás y con Dios. A lo largo de las Escrituras vemos el significado de la relación. Si bien las relaciones son difíciles y desafiantes, las historias de confianza, apoyo, amistad y amor también son historias de supervivencia, perseverancia, alegría y esperanza. Nos necesitamos los unos a los otros en nuestro viaje por la vida. Creo que cuando Dios dice que no es bueno para los humanos estar solos, no estaba hablando de aumentar el número de seguidores que tenemos en las redes sociales. Creo que Dios quiere que tengamos relaciones genuinas donde la vida sea compartida.

Jesús usó su vida como un plan de estudios viviente y la base para esto fue su relación con los discípulos.

En este capítulo, vamos a explorar cómo, si somos intencionales, nuestra vida diaria puede servir como el mayor recurso de discipulado para nuestros jóvenes. Usando este anhelo "incorporado" de conexión y relaciones, podemos preparar el escenario para que ocurra un discipulado significativo.

Cuando observamos el ministerio de Jesús, vemos un patrón muy claro en el que pone las relaciones como el cimiento de su ministerio. Jesús llamó a cada uno de sus discípulos con un llamado personal: "Vengan, síganme". Luego, durante tres años y medio, Jesús caminó, habló, ministró, rio, lloró y viajó con estos doce hombres. No recibió su carta de compromiso y luego se comunicó con ellos de vez en cuando. Estas relaciones eran continuas y reales. Los discípulos fueron llamados, no sólo a escuchar las enseñanzas de Jesús o a cumplir su mandato, sino a seguirlo de cerca y a conectarse realmente con Él.

En el contexto del ministerio, siempre debemos tener cuidado con las relaciones superficiales o la trampa de la pseudo-relación. La pseudo-relación se forma cuando empezamos a enfocarnos en actividades o programas en vez de relaciones reales. Las actividades y los programas pueden ser una forma de atraer a la gente, pero no nos garantizan nada más. Desarrollar estas relaciones significativas es importante porque el discipulado exige intencionalidad y relación. La relación es una manera de conectar a otros con Jesús a través de nuestras vidas. Al vivir fielmente nuestra fe ante los demás, encarnamos para ellos las enseñanzas y palabras de Jesús. Nuestras vidas están constantemente apuntando hacia Jesús, porque la meta no es hacer seguidores nuestros, sino discípulos de Jesús.

La vida como nuestro plan de estudios

El plan de estudios es simplemente un conjunto de lecciones o clases que se utilizan para ayudar a un estudiante a dominar una asignatura determinada. En la iglesia, a menudo pensamos en nuestros materiales de escuela dominical o en las guías de lecciones de grupos pequeños como plan de estudios. Estos recursos ayudan a dar un enfoque a lo que enseñamos a nuestros jóvenes.

Cuando leo y estudio la Biblia, encuentro fascinante estudiar cómo Jesús discipulaba, cómo enseñaba a Sus discípulos. No había lecciones ni guías de estudio impresas. Jesús enseñaba con frecuencia, pero estos tiempos de enseñanza eran generalmente lecciones en respuesta a algo que había sucedido, más que conferencias programadas. Cuando leo la Biblia, lo que veo mayormente es a un Jesús que deja que sus discípulos vean lo que hacía, observen cómo trataba a los marginados y presten atención a cómo trataba a los débiles. En resumen, Jesús quería que ellos realmente experimentaran Su manera de vivir la vida. Jesús les dio la oportunidad de enfrentarse a los altibajos de la vida junto con Él y aprender. Jesús usó su vida como un plan de estudios viviente y la base para esto fue su relación con los discípulos. "Sin relación, no hay discipulado, sólo transmisión de información".[1] Por lo tanto, Jesús

Si aceptamos la invitación a abrir nuestras vidas a los jóvenes como un medio para discipularlos, debemos vivir nuestras vidas genuina y conscientemente del ejemplo que les estamos dando.

no sólo les dio a los discípulos conocimiento al hablarles, sino que también transformó la vida de sus discípulos al vivir junto con ellos.

Por Jesús, sabemos que el discipulado no se trata sólo de recordar las verdades enseñadas y ser capaz de repetirlas. El discipulado va más allá. Por supuesto que creo que los programas, planes de estudio y materiales son importantes en el proceso del discipulado, sin embargo, poner esas verdades en práctica es la clave. La palabra griega para alumno, *mathētes*, que es la raíz de nuestra palabra matemáticas, significa "pensamiento acompañado de esfuerzo".[2] El aprendizaje debe incluir la práctica. Los discípulos piensan y aprenden, pero si realmente están aprendiendo las lecciones de su maestro, deben ir más allá del escuchar y pensar, y llegar al hacer. Esto puede empezar con la decisión de actuar de la manera en que actúa Aquel a quien siguen.

Puedo mirar mi vida en retrospectiva y darme cuenta de que ver cómo vivían los demás me sirvió como una oportunidad de discipulado y me hizo crecer en la forma en que viví mi fe. Pensaba que entendía el amor bastante bien, pero aprendí aún más sobre el amor cuando vi a mi amiga Mery visitar a una viuda anciana, enferma, pobre y solitaria y llevarle comida, limpiarla y cambiarle la ropa sucia y maloliente. Pensé que entendía bastante bien el significado del sacrificio, pero aprendí aún más cuando descubrí que Edward, un estudiante universitario, le daba su dinero de fin de mes a uno de los miembros de nuestra iglesia que necesitaba dinero para comprarle un libro a su hijo.

Si aceptamos la invitación a abrir nuestras vidas a los jóvenes como un medio para discipularlos, debemos vivir nuestras vidas genuina y conscientemente del ejemplo que les estamos dando. La realidad es que les servimos de ejemplo, ya sea que estemos pensando en ello o no. Así que, si Cristo está en nosotros, Su amor y Su vida deben ser reflejados a través de nuestra vida. Vivamos de tal manera que podamos proclamar junto con Pablo: "Imítenme a mí como yo imito a Cristo" (1 Corintios 11:1).

Entonces, ¿cómo es esto? ¿Sencillamente caminamos con nuestro grupo de jóvenes y ellos nos siguen todo el día? Quiero sugerir tres ejemplos de cómo podemos posicionar nuestras vidas para que sirvan como un plan de estudios viviente.

Hacer actividades juntos

Como discutimos anteriormente, Jesús no tenía una hora fija o un lugar específico para las lecciones diarias. En vez de eso, valientemente diría que Jesús enseñaba a sus discípulos sin horarios ni programas aparentes. Jesús hizo que sus discípulos participaran de una vida juntos y sus momentos de enseñanza típicamente seguían o precedían a una actividad en la que la lección había sido previamente modelada o practicada.

Cuando Jesús quiso que los discípulos aprendieran acerca de Su autoridad sobre la creación, los llevó a un lago y experimentó con ellos la tormenta y las olas que sacudían la barca. Cuando quiso que los discípulos aprendieran a confiar en Dios como su proveedor, los guio a los necesitados y colaboró con ellos para suplir todas las necesidades de la gente. Cuando Jesús quiso que los discípulos aprendieran lo que significa seguir al Dios de la vida, los llevó a la tumba de Lázaro, donde había permanecido durante cuatro días y llamó a Lázaro de vuelta a la vida.

Al caminar junto con Jesús, los discípulos pudieron ver su reacción cuando lo tocó la mujer impura. Los discípulos aprendieron lo que significa mostrar un amor perfecto cuando Jesús extendió la mano y tocó al leproso que se acercó a Él. Jesús permitió que los discípulos escucharan a los fariseos y saduceos criticarle e intentar atraparle y aprender lo que significaba responder con sabiduría divina.

La mayoría de las enseñanzas de Jesús no se presentaron en conferencias, sino que entretejió ingeniosamente Su enseñanza en los eventos de la vida diaria. Su enseñanza fluyó de su relación con Sus compañeros y las multitudes que lo seguían. Aprovechó todas las oportunidades para transformar sus formas de pensar y sus vidas. Cuando Jesús llamó a sus discípulos a seguirle, hizo de su vida su plan de estudios.

Mi amigo Ishak es una de las muchas personas que me han ayudado a parecerme más a Cristo. Ishak y yo tenemos un interés común: escalar montañas. Hemos tenido muchas aventuras juntos mientras escalábamos montañas y él me ha enseñado muchas lecciones significativas durante esas escaladas.

Un día, durante una subida, llegamos a una cuesta ascendente, estrecha y resbaladiza, donde el sendero subió hasta una pendiente de 50 grados en nuestro camino hacia la cima. Esta senda me dejó exhausto. Tuve la tentación de rendirme y volver a casa. Empecé a refunfuñar y a preguntarme por qué había decidido escalar esa montaña en primer lugar. Me sorprendió mucho cuando escuché la respuesta de Ishak ante nuestra agotadora situación. Dijo: "nuestra vida es así, A veces Dios te deja caminar en una pendiente alta, estrecha y rocosa de la vida, pero tienes que creer que también te promete llevarte al valle verde. Lo que tienes que hacer es dar gracias en cualquier situación". ¿Qué? ¡Aquí apenas podía respirar e Ishak me dio una lección espiritual y me lo explicó todo! Tenía razón ... ¡también tenía mejor condición física que yo!

Su corta declaración dio en el blanco. El Espíritu Santo me reprendió y me condenó por mi irritabilidad. Esa pequeña explicación de Ishak cambió mi visión de la vida. Aunque ocurrió hace casi 15 años, todavía puedo imaginármela como si fuera hoy. Está clavada profundamente en mi corazón. Para mí, esa fue la predicación más poderosa que jamás cualquier predicador haya preparado.

Al comenzar a discipular de esta manera, necesitaremos estar muy atentos para cuando surjan cuando estos momentos de enseñanza. Necesitamos estar en oración y pedirle al Espíritu Santo que nos guíe y nos ayude a saber qué lecciones necesitan nuestros jóvenes. También será esencial para nosotros pasar tiempo con los jóvenes fuera de la iglesia. Organiza actividades deportivas y busca oportunidades para compartir sobre la justicia, trabajar juntos hacia una meta común o la inclusión. Sal a caminar por tu ciudad e identifica formas de ayudar a los necesitados. Desafía a tus jóvenes a considerar la dignidad de estas personas y cómo nuestra ayuda debe ser siempre respetuosa. Invítalos a ayudar a planear un evento. Podrás hablar de todo, desde la mayordomía hasta las prácticas éticas en los negocios y el servicio a los demás. Podemos planear tiempos para acampar, ir de excursión, nadar o pescar. Podemos cocinar, ver una película o formar un club de lectura. Hay muchas posibilidades. La lección clave es, simplemente, que hacer actividades juntos es una gran manera de generar un espacio para el discipulado.

Modelar entre aplausos y lágrimas

A través del proceso de discipulado de los jóvenes, es importante para nosotros ser un modelo de un seguidor de Jesús, auténtico y fiel. Nuestros jóvenes nos observan para ver cómo respondemos a todo lo que la vida nos ofrece, tanto a lo bueno como a lo malo. La manera en que respondemos a las crisis de la vida es un momento crítico para enseñar cómo viven los discípulos de Jesús. ¿Tratamos de resolver cada crisis con nuestras propias fuerzas? ¿Buscamos en oración la guía de Dios para tomar decisiones fuertes y sabias? ¿Justificamos los malos atajos para simplificar nuestra vida? La forma en que reaccionamos ante las crisis dice más sobre quién o en qué ponemos nuestra confianza que cualquier palabra que digamos.

Los momentos de crisis sirven como reflejos genuinos de lo que guía nuestras vidas. Compartir nuestra vida como un plan de estudios significa que tenemos que estar preparados para dejar que nuestros jóvenes vean y aprendan de nosotros, tanto en nuestros momentos de aplausos como en los de lágrimas. Es natural que nos resistamos a invitar a la gente a presenciar los momentos difíciles de nuestras vidas y hay límites saludables que se deben respetar. Sin embargo, si nuestros jóvenes saben que estamos pasando por un momento difícil, no debemos actuar como si no pasara nada cuando estemos cerca de ellos. Necesitan vernos luchar y confiar en Dios durante esos tiempos. En el libro *Real-Life Discipleship Training Manual: Equipping Disciples Who Make Disciples* [*Manual de capacitación para un discipulado de la vida real: capacitando discípulos que hacen discípulos*] dice que:

> Sin una relación entre creyentes, no hay un modelo a seguir, ni autenticidad, ni rendición de cuentas, ni aplicación, ni apoyo para el viaje. Estas cosas vienen a través de contactos personales. Y debido a la falta de un contexto relacional para el aprendizaje, el cambio de vida es mucho más raro de lo que debería ser entre los cristianos de hoy en día.[3]

A veces la vida es como un jardín florido y tranquilo, pero no suele ser así. En la vida real reímos y lloramos, celebramos y nos acongojamos. Nuestra respuesta a estos extremos revela nuestra lealtad, fe e integridad. Una vida bien vivida sirve de modelo para los demás y crea un entorno en el que los demás también pueden crecer. En un ambiente así, nos convertimos en discípulos efectivos incluso entre lágrimas.

Sólo había estado casado con Ester, mi esposa, por tres felices y dulces años, cuando nuestra vida se paralizó por una noticia desgarradora. Varios meses antes, mi esposa había sufrido un dolor severo en el abdomen. Decidimos ver a un médico para tratar de entender lo que estaba pasando. Después de que una doctora la examinó, encontró un gran quiste en el ovario derecho de mi esposa. Estábamos consternados, especialmente Ester, porque apenas cuatro años antes ya se había sometido a una operación para extirpar un gran quiste en su ovario izquierdo. Ese tiempo fue increíblemente difícil para nosotros, probablemente el momento más difícil de nuestro matrimonio hasta ahora. La doctora dijo que era posible que mi esposa tuviera que someterse a otra cirugía y nos advirtió que, después, no podríamos tener hijos.

Algunos de los jóvenes de nuestra iglesia sabían por lo que estábamos pasando. Estaban observando y prestando atención para ver cómo responderíamos a esta crisis. Sabían que el "verdadero yo" se manifestaría. ¿Mostraría mi frustración y decepción al maldecir o quejarme, al culparme a mí mismo o a otros, o a Dios? ¿Preguntaría dónde estaban las protecciones prometidas por Dios? ¿Cuestionaría a Dios por qué nos dejó pasar por esto? ¿O elegiría las reacciones opuestas y seguiría creyendo y confiando en el plan de Dios?

Doy gracias a Dios por ayudarme a vivir bien mi fe incluso en medio de una situación tan difícil. Seguí orando y esforzándome por demostrar la fe de la que a menudo predicaba en mis sermones y en nuestras reuniones de discipulado. Ese fue un momento perfecto para que mis jóvenes aprendieran del "plan de estudios viviente", es decir, de mi vida. Varias semanas después de que a mi esposa le diagnosticaran el quiste, volvimos con la doctora para conocer su progreso. Cuando la doctora empezó a examinar a mi esposa con la máquina de ultrasonido, dijo que no había nada; ¡no pudo encontrar ningún quiste! ¡Alabamos a Jesús! Él respondió a nuestra oración y al escribir este capítulo, acabamos de celebrar el primer cumpleaños de nuestra hermosa hija.

Al observarme y aprender de mi "plan de estudios viviente", los jóvenes aprendieron que este Jesús que vivió hace 2000 años y que también vive hoy y está trabajando activamente en nuestro mundo. Aprendieron acerca de la autoridad de Jesús, no sólo por lo que dije, sino por lo que vieron demostrado en nuestra familia. Aprendieron cómo luce la vida cuando nuestra fe realmente impacta nuestras vidas diarias. Lo más importante es que están creciendo en la fe y en su compromiso de seguir a Jesús como Sus discípulos.

Compartir nuestro espacio personal

No siempre es fácil dejar que otros crucen hacia nuestro espacio personal. Por lo general, no permitimos que mucha gente entre en las áreas más personales de nuestra vida. A menudo tenemos algún tipo de requisitos para dejar entrar a la gente. O son familia o tenemos una conexión compartida en la que hemos llegado a confiar en ellos. Sin embargo, para que nuestra vida sea un plan de estudios viviente, tenemos que dejar que otros vean y entren en algunas de las áreas que preferimos proteger. Una vez más, esto no es un llamado para derribar todos los límites. Los límites son útiles, saludables y seguros. Es, sin embargo, un llamado a examinar con qué frecuencia mantenemos nuestras relaciones en un nivel superficial y, a su vez, sacrificamos cualquier influencia en sus vidas. No podemos influir en las personas a las que discipulamos si las mantenemos alejadas. Compartir la vida significa invitarlos a acercarse y tener conversaciones más profundas, hacer preguntas más difíciles y formar relaciones más confiables. El discipulado requiere una conversación significativa, no sólo una pequeña charla; una atención sincera, no sólo un recubrimiento de azúcar; y un entrenamiento intenso, no sólo breves reuniones de revisión.

Jesús mismo dejó que sus discípulos cruzaran la línea y entraran en su espacio personal. Yo creo que no fue fácil para Jesús aceptar todos sus trasfondos diferentes. ¡Pero el problema iba en ambos sentidos! Entablar una relación más profunda con Jesús significaba que Jesús también entraría plenamente en sus vidas. Convertirse en discípulos de Jesús también significó que vivir la vida con los otros discípulos. No creo que haya sido fácil para ellos. Los doce discípulos, como grupo, no eran de ninguna manera amigos "naturales". Es difícil pensar en posiciones y perspectivas más opuestas que las de un recaudador de impuestos y un zelote. Sin embargo, el hecho de estar juntos presuponía un propósito común que requería caminar juntos, comer juntos, vivir juntos y conocerse bien unos a otros.

Aunque no es fácil dejar que otros crucen hacia nuestro espacio personal, en el proceso de discipulado, ayudar a otros a crecer no es una opción sino un requisito. La Madre María Francisca dice:

> Si no nos llamamos amigas, entonces no finjamos que podemos llamarnos hermanas. No podemos tener hermanas de verdad que no sean amigas de verdad. Y así es en todas las relaciones humanas. "4

Debemos formar amistades con nuestros hermanos y hermanas en Cristo a quienes estamos discipulando. Esto a menudo significa dejar que nuestras acogedoras zonas personales sean interrumpidas por otros. Es probable que tengan diferentes antecedentes. En el caso de nuestros jóvenes, a menudo tendrán diferentes visiones del mundo, pero todos estamos en el camino de llegar a ser más como Cristo y necesitamos caminar unos con otros a través de nuestros altibajos. Como discípulos auténticos necesitamos construir relaciones amorosas dentro del cuerpo de Cristo y expresar ese amor a través de una disposición para negar el interés propio en deferencia a las necesidades de los demás discípulos. Este es el "mismo amor" que Pablo describe en Filipenses 2:1-11, donde exhorta a los discípulos a imitar la actitud abnegada de Cristo en sus relaciones con los demás.

Una manera de invitar a la gente a entrar a nuestro espacio personal es invitarlos a venir a nuestra casa o lugar donde nos hospedamos. Podemos invitarlos a tomar un té o café en nuestro patio, cocinar juntos en la cocina, almorzar o cenar con ellos, dejarlos sentarse en nuestro sofá o acostarse en nuestra mecedora. Todo esto podría tener lugar antes de un tiempo más formal de discipulado donde estudiemos la Biblia, oremos o trabajemos a través de nuestra agenda de discipulado. Sin embargo, al invitarlos a nuestra casa, significa que les permitimos ver cómo arreglamos nuestra habitación y cómo vivimos. Ellos verán lo que hay en nuestro estante y sabrán qué tipo de libros leemos. Ellos verán nuestra colección de DVD y sabrán qué tipo de películas vemos. Ellos escucharán nuestra lista de reproducción y sabrán qué tipo de música escuchamos. Notarán cómo tratamos a los miembros de nuestra familia y sabrán cómo demostramos nuestro amor. En otras palabras, al invitarlos a ver dónde pasamos la mayor parte de nuestro tiempo, les permitiremos ver nuestro mundo, nuestros hábitos y actitudes genuinas y nuestra calidad de vida.

> **No podemos influir en las personas a las que discipulamos si las mantenemos alejadas.**

A partir de mi experiencia personal, esto se convertirá en una etapa efectiva e importante en la construcción de relaciones con las personas que discipulas. Se sentirán aceptados e importantes. Aceptarlos como amigos es la razón más elemental por la que las personas externas entran en las iglesias y comunidades cristianas.[5] Cuando sienten una amistad genuina, se conectan con nosotros y ahí es donde se puede construir la confianza. Y cuando se construya la confianza, ellos nos abrirán sus vidas y podremos compartir los valores y enseñanzas que el Señor nos dice que compartamos.

El valor de los espacios cómodos y seguros

No hace falta decirlo, pero a lo largo de estos esfuerzos para construir relaciones como un fundamento para el discipulado, es importante notar que todo debe hacerse en lugares y formas que sean cómodas y seguras para nuestros jóvenes. Debemos tener cuidado de no imponerles nunca cargas adicionales, ni obligarles a hacer algo que no quieren hacer. La meta es el discipulado. Jesús les dijo: "Vengan a mí todos ustedes que están cansados y agobiados, y yo les daré descanso. Carguen con mi yugo y aprendan de mí, pues yo soy apacible y humilde de corazón, y encontrarán descanso para su alma. Porque mi yugo es suave y mi carga es liviana" (Mateo 11:28-30). Nuestra juventud lleva muchas cargas y muchos miedos. Tenemos que ser sensibles a sus necesidades y satisfacerlas allí donde están. Nuestros jóvenes están aprendiendo lo que significa seguir a Jesús y no lo harán perfectamente todo el tiempo. Parte de lo que debemos modelar en nuestro plan de estudios viviente es el amor incondicional y perfecto de Dios. Si podemos modelar esto bien, entonces estaremos estableciendo una base fuerte para nuestro discipulado relacional con la juventud.

Nuestros jóvenes están aprendiendo lo que significa seguir a Jesús y no lo harán perfectamente todo el tiempo. Parte de lo que debemos modelar en nuestro plan de estudios viviente es el amor incondicional y perfecto de Dios.

Además, proporcionar espacios cómodos y seguros para nuestros jóvenes significa que tienen un lugar donde se les ve y se les escucha. Nuestros jóvenes están más conectados que nunca en las redes sociales y en Internet y, sin embargo, los jóvenes de hoy informan que se sienten increíblemente solos y aislados. Necesitan espacios seguros donde puedan ser ellos mismos, donde puedan compartir sus ideas y sus miedos, y donde sean amados y aceptados por quienes son. Jesús amó a la gente de esta manera y esta lección debe ser una parte central de nuestro plan de estudios viviente.

Esto no significa que Dios nunca nos pedirá que compartamos una palabra de desafío con los jóvenes. Jesús tenía palabras duras para sus discípulos de vez en cuando. Sin embargo, si hemos construido una relación fuerte y hay confianza y amor incondicional, entonces es más probable que los jóvenes puedan oírnos decir esas palabras desafiantes con amor.

Las relaciones son complicadas. Mantener el discipulado en un programa de los miércoles por la noche, o cualquier otro día, con un plan de estudios impreso es mucho más fácil y seguro. Sin embargo, el discipulado no se arraiga verdaderamente sino hasta que la palabra de Dios pasa de nuestra cabeza a nuestro corazón y luego hacia afuera a través de nuestras manos y pies. El discipulado no se trata de las cuatro paredes de un salón de clases. El discipulado consiste en compartir con otros nuestras vidas y experiencias mientras caminamos juntos en nuestro viaje con Jesús.

TRABAJOS CITADOS / NOTAS

Introducción

1. Sweet, Leonard. *Nudge: Awakening Each Other to the God Who's Already There*. David C. Cook, 2010.

2. Yaconelli, Mark. *Contemplative Youth Ministry: Practicing the Presence of Jesus*. Zondervan/Youth Specialties, 2006.

3. Gunter, W. Stephen, Scott J. Jones, Ted A. Campbell, Rebekah L. Miles, Randy L. Maddox. *Wesley and the Quadrilateral: Renewing the Conversation*. Abingdon Press, 1997.

Capítulo 1

1. Leys, Lucas. *El Ministerio Juvenil Efectivo*. Editorial Vida, 2003.

2. Ibid.

3. Ortíz, Félix, Annette Gulick, Gerardo Muniello. *Raíces: Pastoral juvenil en profundidad*. Editorial Vida, 2008.

4. Leys, Lucas. *El Ministerio Juvenil Efectivo*. Editorial Vida, 2003.

5. Maxwell, John C. *The 21 Irrefutable Laws of Leadership* [*Las 21 leyes irrefutables del liderazgo*]. Thomas Nelson, Inc., 1998.

6. Ibid.

Capítulo 3

1. Nouwen, Henri J. M., Michael J. Christensen, Rebecca J. Laird. *Spiritual Formation: Following the Movements of the Spirit* [*Formación Espiritual: Siguiendo los Impulsos del Espíritu*]. Sal Terrae, 2011.

2. Foster, Richard J. *Celebration of Discipline* [*Alabanza a la Disciplina*]. Editorial Betania, 1986.

3. Wesley, Juan. *Sermones de Juan Wesley: Tomo I*. Nazarene Publishing House, 1990.

4. Tracy, Wesley D., E. Dee Freeborn, Janine Tartaglia, Morris A. Weigelt. *Formación Espiritual*. Casa Nazarena de Publicaciones, 1999.

5. Foster, Richard J. *Celebration of Discipline* [*Alabanza a la Disciplina*]. Editorial Betania, 1986.

Capítulo 5

1.   Powell, Kara E., Chap Clark. *Sticky Faith: Everyday Ideas to Build Lasting Faith in Your Kids* [Fe pegajosa]. Zondervan, 2011.

2.   Dean, Kenda Creasy. *Almost Christian: What the Faith of Our Teenagers Is Telling the American Church*. Oxford University Press, 2010.

3.   Powell, Kara E., Chap Clark. *Sticky Faith: Everyday Ideas to Build Lasting Faith in Your Kids* [Fe pegajosa]. Zondervan, 2011.

4.   Ibid.

Capítulo 6

1.   Harrington, Bobby. "Relationships." *Discipleship.org*, discipleship.org/relationships.

2.   Newton, Gary C. *Growing Toward Spiritual Maturity*. Evangelical Training Association, 1999.

3.   Putman, Jim, Avery T. Willis Jr., Brandon Guindon, Bill Krause. *Real-Life Discipleship Training Manual: Equipping Disciples Who Make Disciples* [Manual de capacitación para un discipulado de la vida real: capacitando discípulos que hacen discípulos]. NavPress, 2010.

4.   Francis, Mother Mary. *But I Have Called You Friends: Reflections on the Art of Christian Friendship*. Ignatius Press, 2006.

5.   Kreider, Alan, Eleanor Kreider. *Worship & Mission after Christendom*. Herald Press, 2011.

www.ingramcontent.com/pod-product-compliance
Lightning Source LLC
Chambersburg PA
CBHW021137020426
42331CB00005B/810